START! 첫걸음

| 신정숙 지음 |

블로그 만들고 꾸미기
단계별 정복하기

이 책의 특징

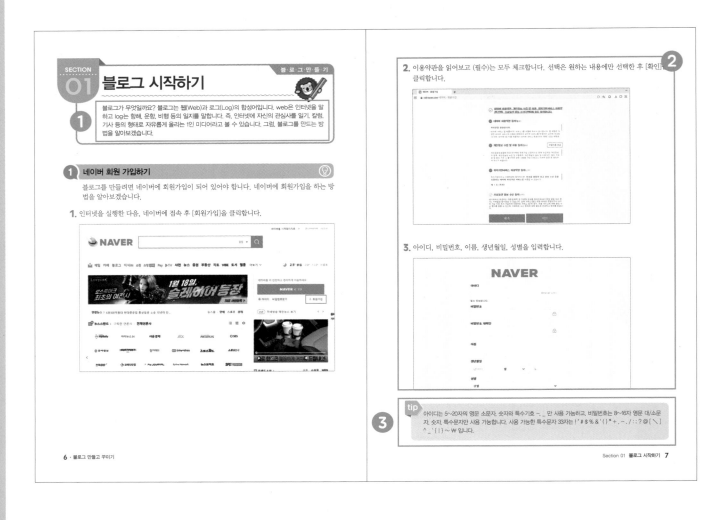

① 섹션 설명

해당 단원에서 배울 내용에 대한 전체적인 개념을 짚어줌으로써 단원에 대한 이해도를 증진시키도록 합니다.

② 따라하기

본문 내용을 하나씩 따라해 가면서 실습하다 보면 자연스럽게 관련 기능을 이해하여 활용할 수 있도록 하였습니다.

③ Tip

실습을 따라하는 과정에서 알아두면 도움이 되는 내용 및 저자만이 가지고 있는 다양한 노하우를 제공합니다.

① [내 메뉴]-[스킨 변경]에서 원하는 스킨을 미리보기 해보세요.

③ [위젯 사용 설정]에 [날씨]를 클릭해 추가해보세요.

② [스킨 미리보기]-[레이아웃 변경]으로 들어가 [위젯 사용 설정]에 시계를 추가해 블로그에 적용해보세요.

④ 날씨 위젯을 추가한 후 미리보기를 해보세요.

④ 혼자 풀어보기

본문에서 배운 내용을 다양한 예제를 통하여 실습하면서 확실하게 익힐 수 있도록 실습 문제를 담았습니다.

차 례 소스 파일은 아티오(www.atio.co.kr) [자료실]-[Start! 첫걸음 시리즈] 메뉴에서 다운 받으세요.

SECTION 01 블로그 시작하기

 블·로·그·만·들·기

블로그가 무엇일까요? 블로그는 웹(Web)과 로그(Log)의 합성어입니다. web은 인터넷을 말하고 log는 항해, 운항, 비행 등의 일지를 말합니다. 즉, 인터넷에 자신의 관심사를 일기, 칼럼, 기사 등의 형태로 자유롭게 올리는 1인 미디어라고 볼 수 있습니다. 그럼, 블로그를 만드는 방법을 알아보겠습니다.

1 네이버 회원 가입하기

블로그를 만들려면 네이버에 회원가입이 되어 있어야 합니다. 네이버에 회원가입을 하는 방법을 알아보겠습니다.

1. 인터넷을 실행한 다음, 네이버에 접속 후 [회원가입]을 클릭합니다.

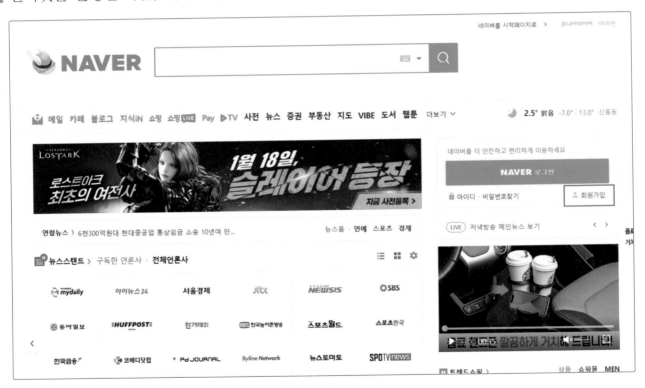

2. 이용약관을 읽어보고 (필수)는 모두 체크합니다. 선택은 원하는 내용에만 선택한 후 [확인]을 클릭합니다.

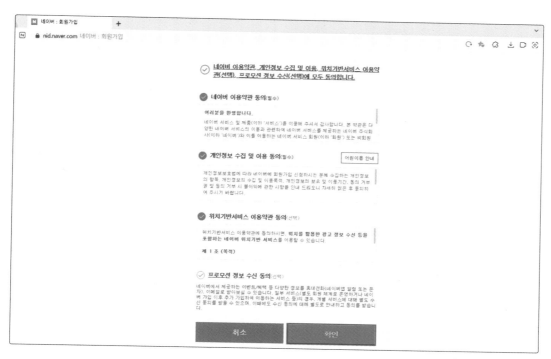

3. 아이디, 비밀번호, 이름, 생년월일, 성별을 입력합니다.

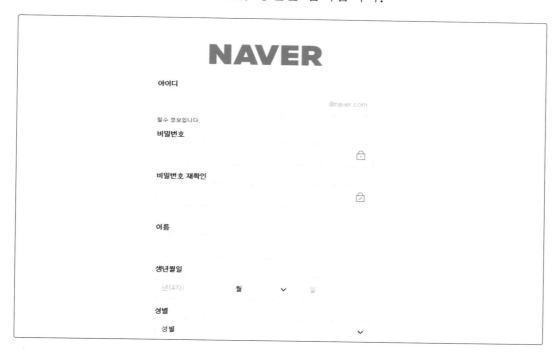

> **tip**
> 아이디는 5~20자의 영문 소문자, 숫자와 특수기호 -, _ 만 사용 가능하고, 비밀번호는 8~16자 영문 대/소문자, 숫자, 특수문자만 사용 가능합니다. 사용 가능한 특수문자 33자는 ! " # $ % & ' ( ) * + , - . / : ; ? @ [\ ] ^ _ ` { | } ~ ₩ 입니다.

4. 휴대 전화번호를 입력한 후 [인증번호 받기]를 클릭해 스마트폰으로 인증번호가 전송되면 '인 증번호'를 입력합니다. '일치'라는 글자가 나타나면 [가입하기]를 클릭합니다.

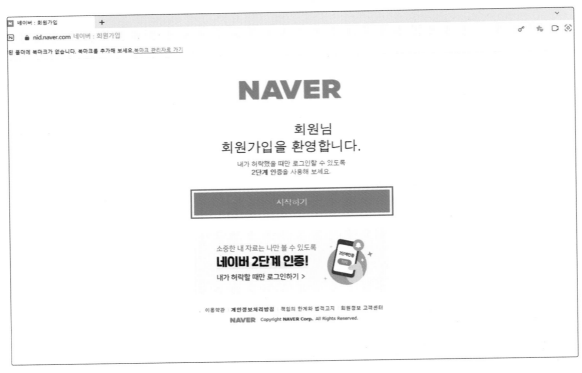

5. '회원가입을 환영합니다'가 나타나면 [시작하기]를 클릭합니다.

2 블로그 시작하기

1. 네이버에 로그인 후 [블로그]를 클릭합니다.

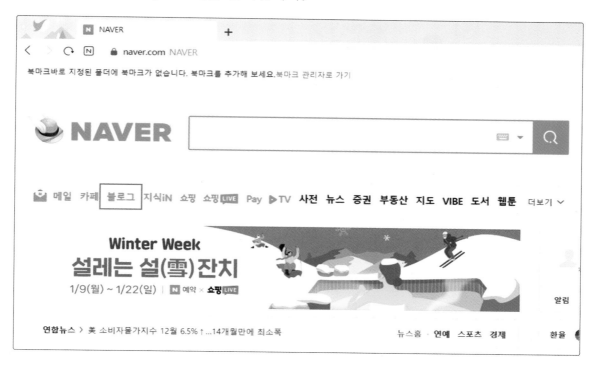

2. 우측의 [블로그 아이디 만들기]를 클릭합니다.

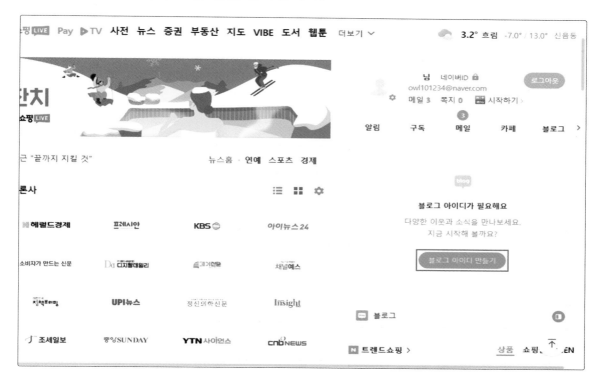

3. '블로그 아이디가 필요해요!' 창에서 [블로그 아이디 만들기]를 클릭합니다.

4. 블로그에 사용할 아이디를 만들어 준 후 [확인]을 클릭합니다.

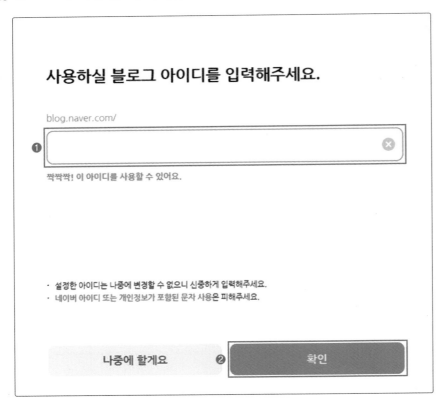

5. '이 아이디로 블로그를 만들까요?' 창이 나타나면 [확인]을 클릭합니다.

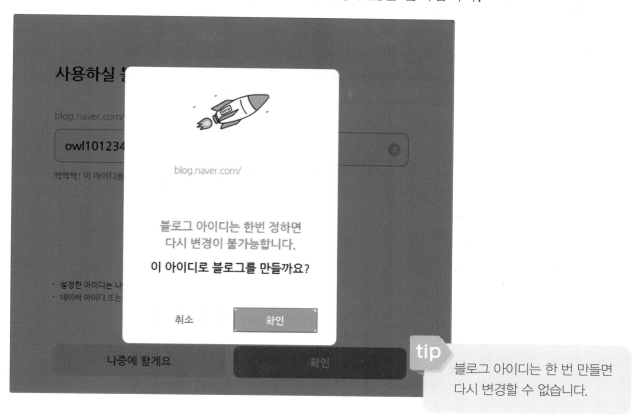

tip
블로그 아이디는 한 번 만들면
다시 변경할 수 없습니다.

6. '환영합니다! 블로그 아이디가 만들어졌어요' 창이 나타나면 [바로 시작하기]를 클릭합니다.

③ 블로그 기본 정보 설정하기

1. 블로그 홈페이지가 나타나면 왼쪽 위 [네이버 로고(N)]를 클릭합니다.

2. 네이버 첫 화면이 나타나면 [블로그]-[내 블로그]를 클릭합니다.

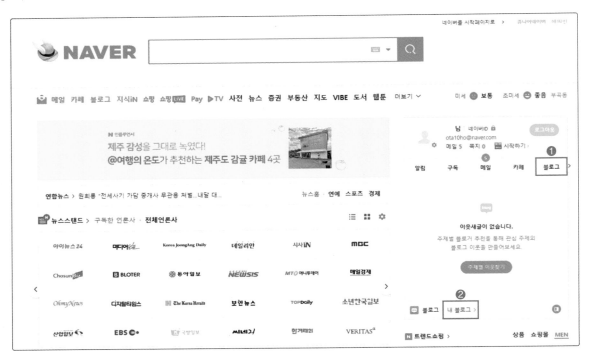

3. 내 블로그에 들어오면 [내 메뉴]–[관리]를 클릭합니다.

4. [기본 설정]–[기본 정보 관리]–[블로그 정보]에서 블로그명, 별명을 입력합니다.

5. [소개 글]을 작성 후 [내 블로그 주제]를 선택해 클릭해 줍니다. 이어서 스크롤바를 아래로 내려 [확인]을 클릭합니다.

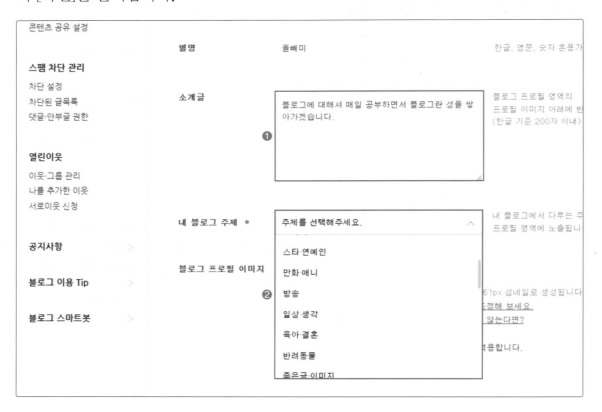

6. '성공적으로 반영되었습니다' 창이 나타나면 [확인]을 클릭합니다.

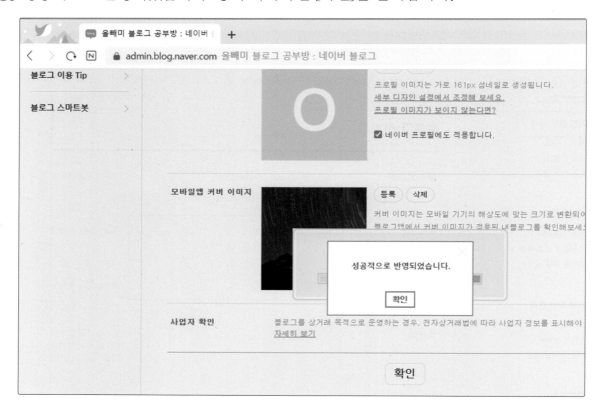

혼자 풀어보기

① 인터넷을 실행한 후 네이버에 들어가 로그인하고 [블로그]-[내 블로그] 메뉴를 클릭하여 내 블로그에 들어가 보세요.

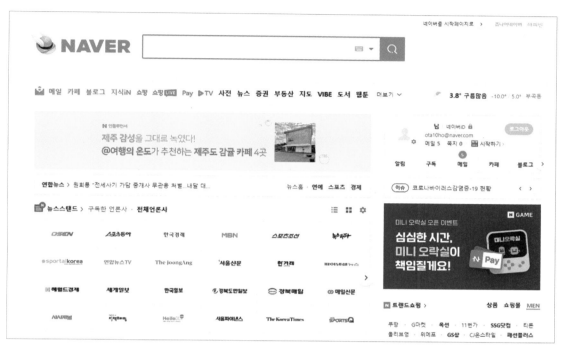

② 내 블로그에서 블로그 관리로 들어와 [기본 설정], [꾸미기 설정], [메뉴·글·동영상 관리]를 확인해보세요.

SECTION 02
프로필 사진과 커버 이미지 만들기

이번 장에서는 프로필 사진과 모바일에서 보여지는 모바일 커버 이미지를 만들어 보도록 하겠습니다.

1 무료 이미지 다운로드 받아 저장하기

1. 네이버 첫 화면에서 '픽사베이'를 검색하고 [돋보기(🔍)]를 클릭하거나 Enter 키를 누릅니다.

tip

pixabay.com은 무료 사진, 일러스트레이션, 벡터 그래픽 및 음악, 동영상을 공유해주는 국제 웹사이트로 다국어 지원을 하고 있습니다. 그러나 일부 이미지는 상업용으로 사용할 경우 유료 결제를 해야 하거나, 비상업용으로 사용할 경우도 출처를 밝힐 것을 요구하는 경우도 있어 다운로드 받기 전에 해당 이미지의 저작권 정보를 꼭 확인하세요. 그리고 현재는 무료지만 나중에 유료로 변경될 수도 있기 때문에 중요한 이미지인 경우 캡처하여 저장하는 것을 추천합니다.

2. 픽사베이에 접속한 다음, 검색란에 원하는 검색어를 입력한 후 Enter 키를 누릅니다.

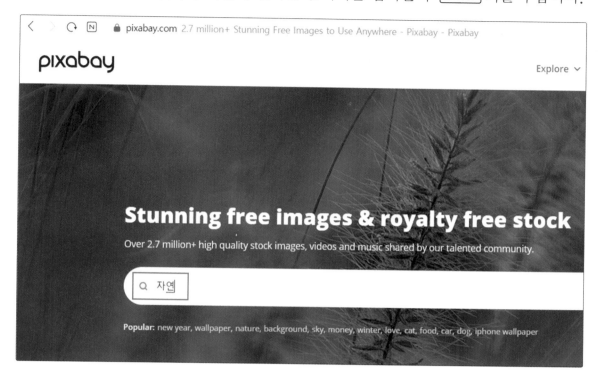

3. 검색 결과 관련 이미지가 나타납니다. 페이지 하단에서 '한국어'를 클릭하면 페이지 내용이 한글로 바뀌게 됩니다.

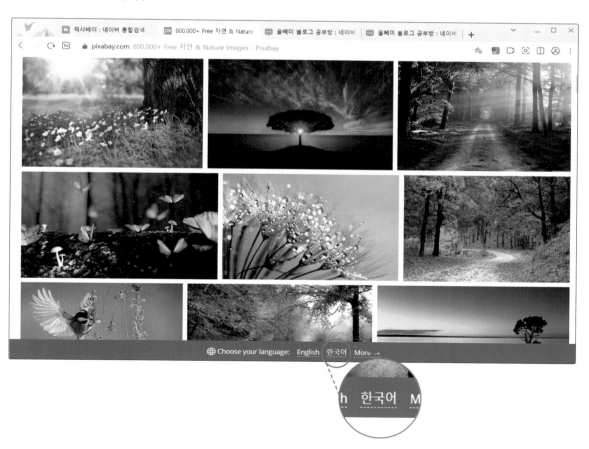

4. 이미지들을 둘러보고 마음에 드는 이미지를 선택해 클릭합니다.

5. 무료 다운로드를 클릭하면 나타나는 이미지 크기를 보고 원하는 크기를 선택 후 [다운로드]를 클릭합니다.

6. 다운로드 창이 나타나면 '로봇이 아닙니다'에 클릭해 체크하고 [다운로드]를 클릭합니다.

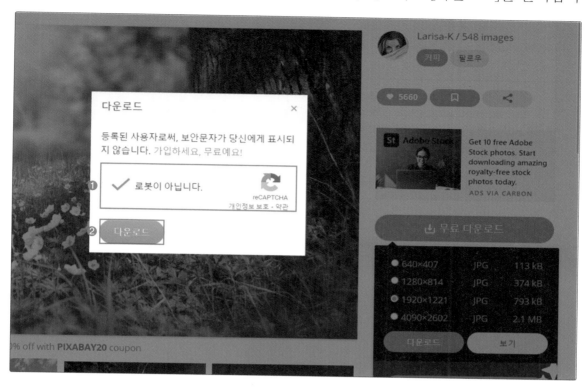

7. [파일 다운로드] 창이 나타나면 [다른 이름으로 저장]을 눌러 원하는 위치에 이미지 파일을 저장합니다.

1. 내 블로그로 돌아와 [기본 설정]–[블로그 정보]를 클릭 후 스크롤바를 아래로 내려 [블로그 프로필 이미지]의 [등록]을 클릭합니다.

2. [이미지 첨부] 창이 나타나면 [찾아보기]를 클릭합니다.

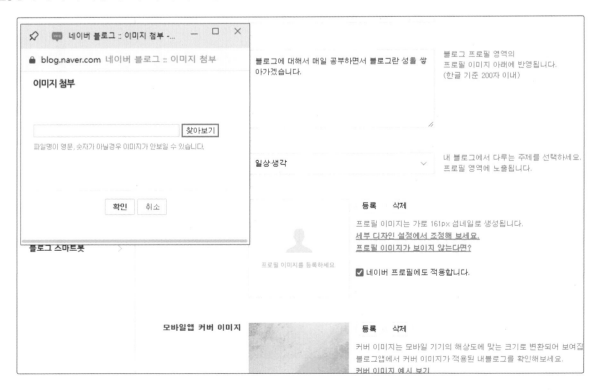

3. 윈도우 탐색기 창에서 예제파일 '02-01.jpg' 선택 후 [열기]를 클릭합니다. 예제파일은 아티오 (www.atio.co.kr) [자료실]에서 다운 받으세요.

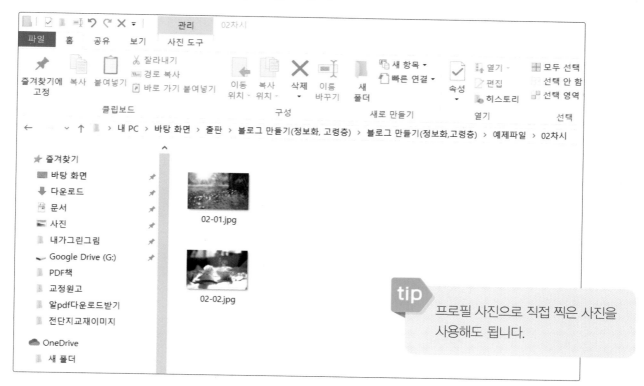

tip 프로필 사진으로 직접 찍은 사진을 사용해도 됩니다.

4. 이미지 첨부 창에 이미지의 경로가 표시되면 [확인]을 클릭합니다.

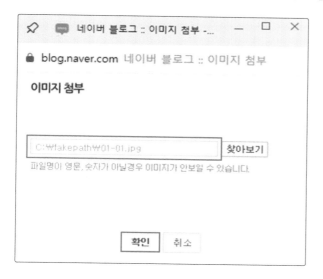

1. [모바일앱 커버 이미지]의 [등록] 단추를 눌러 프로필 이미지 때와 같은 방법으로 예제파일 '02-02.jpg' 이미지 파일을 불러와 등록하고 [확인]을 클릭합니다.

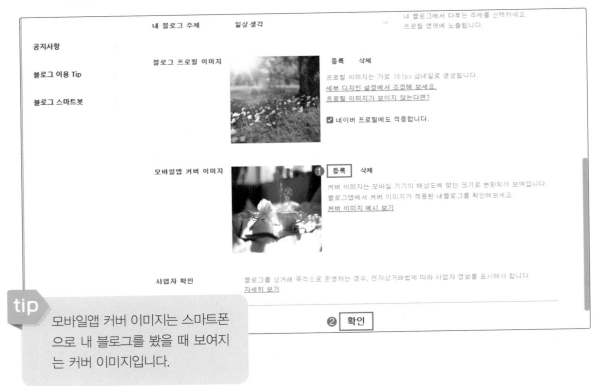

> **tip**
> 모바일앱 커버 이미지는 스마트폰
> 으로 내 블로그를 봤을 때 보여지
> 는 커버 이미지입니다.

2. '성공적으로 반영되었습니다' 창이 나타나면 [확인]을 클릭합니다.

3. 오른쪽 상단의 [내 블로그]를 클릭합니다.

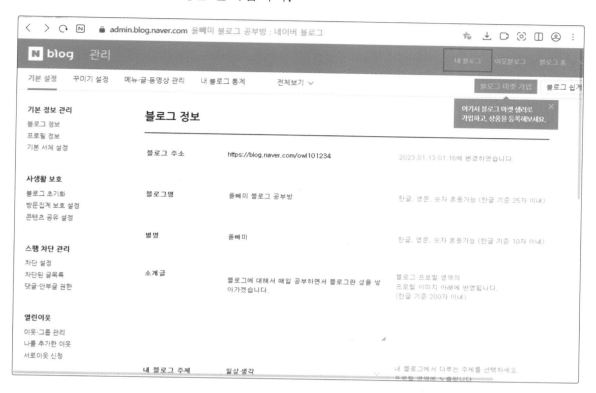

4. 프로필 사진이 입력된 모습입니다. 프로필 사진은 언제든 바꿀 수 있습니다.

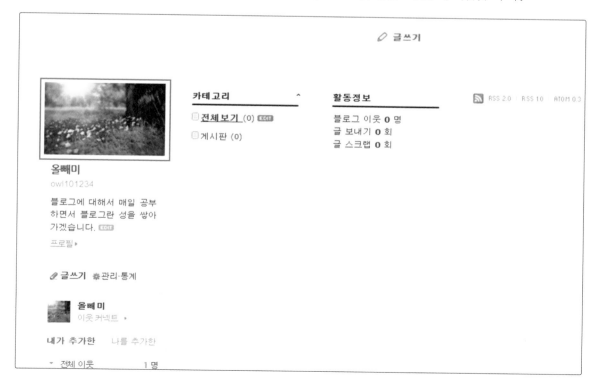

혼자 풀어보기

① 픽사베이에서 원하는 이미지를 검색해 저장해보세요.

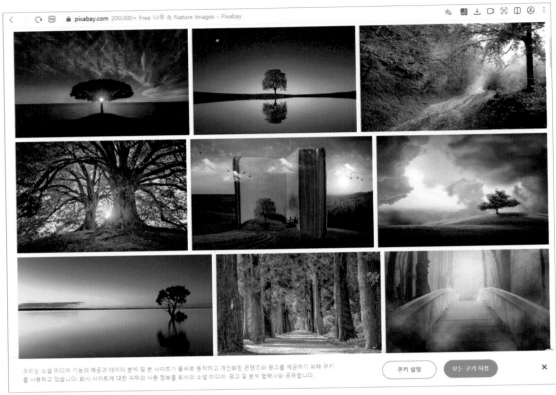

② 저장한 이미지를 내 블로그의 모바일앱 커버 이미지로 바꿔보세요.

블로그 프로필 이미지를 직접 찍은 사진으로 등록해보세요.

블로그 프로필 이미지를 직접 찍은 사진으로 등록해보세요.

블·로·그·만·들·기

블로그 예쁘게 꾸미기

이번 장에서는 블로그의 전체적인 구성을 디자인하는 스킨과 레이아웃 설정 방법을 알아보겠습니다.

1 스킨 설정하기

1. 네이버에 접속한 후, [블로그]–[내 블로그]를 클릭하여 내 블로그에 접속합니다.

tip

블로그 스킨이란 블로그 화면을 사용자 취향에 맞게 변경하는데 사용되는 전체 디자인으로, 네이버에서 미리 디자인해 놓은 스킨이 있어 사용자가 마음에 드는 스킨을 자유롭게 선택할 수 있습니다.

2. [내 메뉴]-[스킨 변경]을 클릭합니다.

3. 스킨들이 많이 있습니다. 여러 스킨들을 둘러봅니다.

tip 블로그 스킨은 언제든지 바꿀 수 있습니다.

4. 마음에 드는 스킨을 발견하면 [미리보기]를 클릭합니다.

5. [바로 적용]을 클릭합니다.

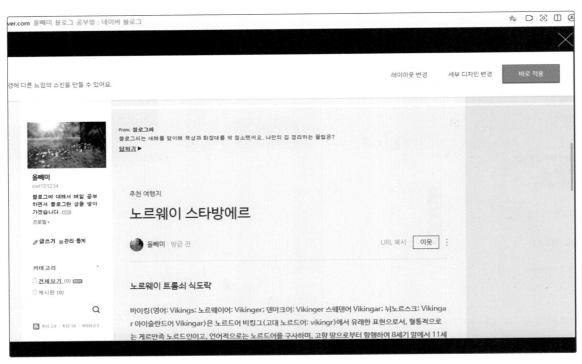

6. 스킨이 적용되었다는 안내창이 나타나면 [확인]을 클릭하여 내 블로그에 스킨을 적용합니다.

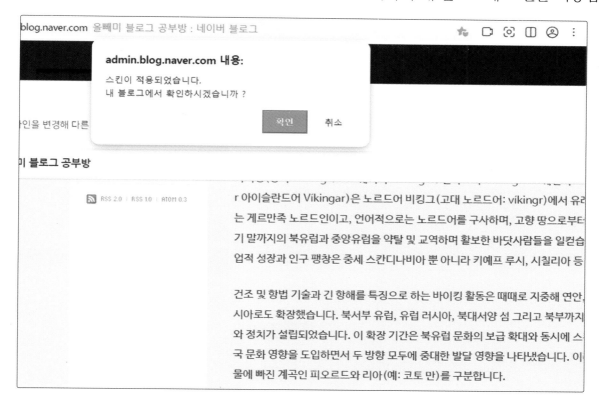

2 레이아웃 설정하기

1. [내 메뉴]-[세부 디자인 설정]을 클릭합니다.

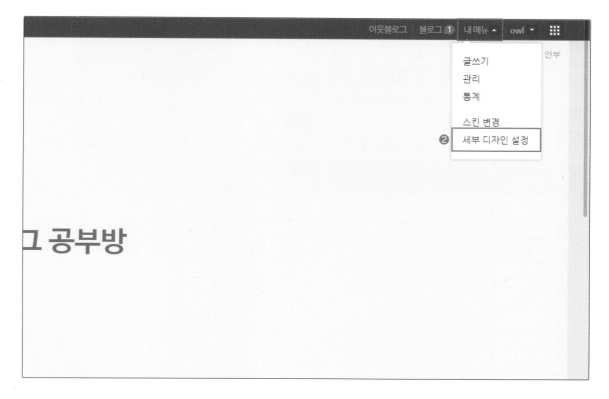

2. [리모콘]-[레이아웃 변경]을 클릭합니다.

3. [레이아웃 · 위젯 설정]에서 제일 첫 번째 단 구성을 클릭합니다. '레이아웃'을 변경하시겠습니까? 라는 알림창이 나타나면 [확인]을 클릭합니다.

4. [메뉴 사용 설정]에서 [이웃 커넥트] 앞을 클릭하여 해제하고, [네이버로고] 앞에 클릭하여 설정합니다.

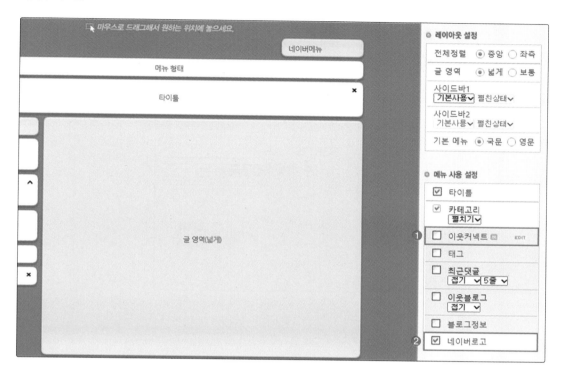

3 위젯 설정하기

1. [위젯 사용 설정]에서 달력을 체크하여 블로그에 달력 위젯을 추가합니다.

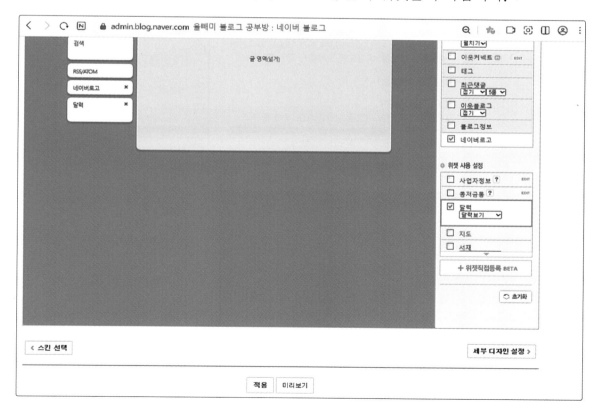

2. [위젯 사용 설정]의 [펼침(≂)]을 아래로 드래그하여 숨겨져 있던 위젯 목록을 펼칩니다.

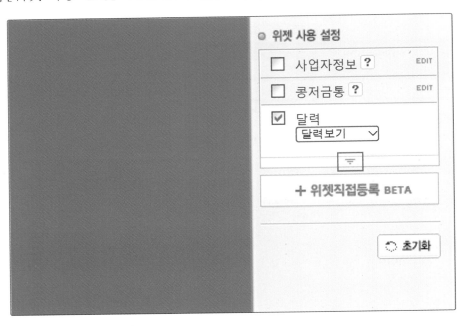

3. 위젯에서 비활성화되어 있는 CCL 옆의 '?'를 클릭한 후 [CCL 설정하러 가기]를 클릭합니다.

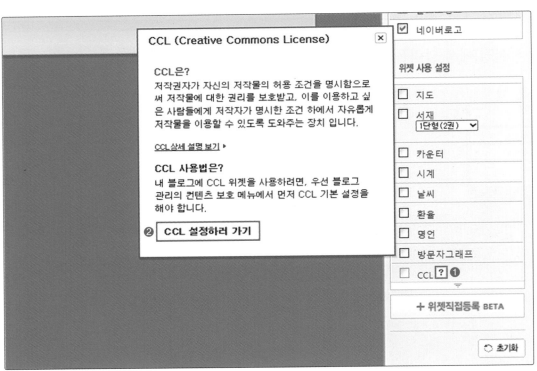

tip CCL은 블로그에 올리는 글, 사진, 동영상 등에 대한 허용 범위를 명시하는 것으로서 소중한 내 저작물에 대한 권리를 보호하는 장치입니다.

4. [콘텐츠 공유 설정]에서 [CCL 설정], [자동 출처 사용 설정]은 '사용', 마우스 오른쪽 버튼 금지 설정은 '사용안함'으로 설정한 후 [확인]을 클릭합니다.

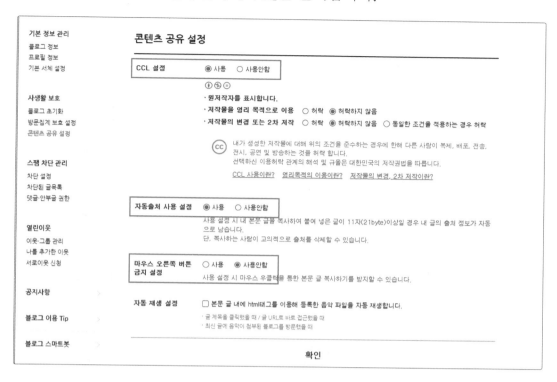

5. '컨텐츠 보호 설정이 성공적으로 저장되었습니다'가 나타나면 [확인]을 클릭합니다.

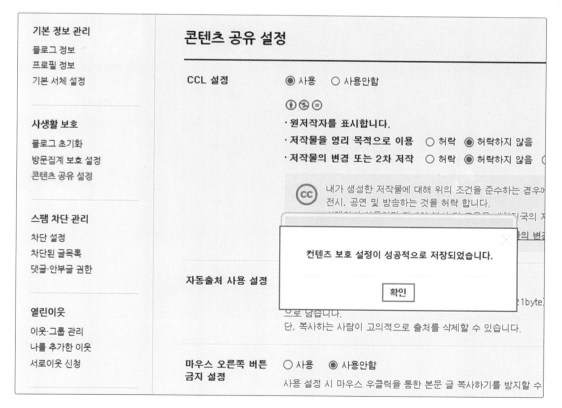

6. [위젯 설정하러 가기]를 클릭합니다.

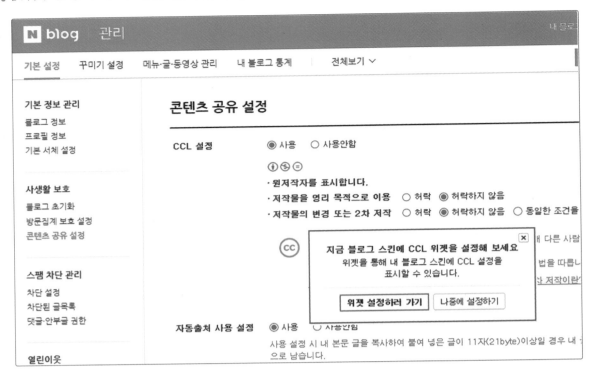

7. 모든 설정이 끝나면 [미리보기]를 클릭합니다.

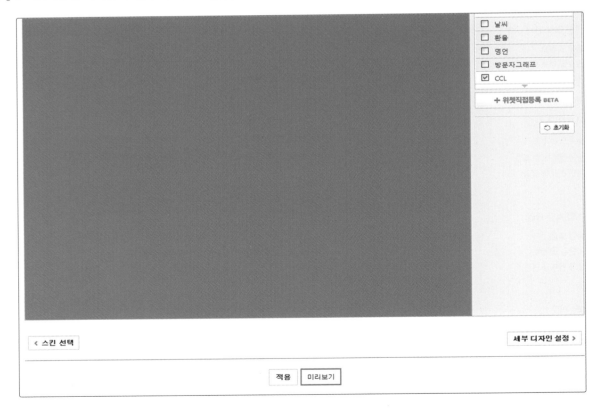

8. 레이아웃에서 설정한 내용들이 블로그에 어떻게 적용되는지 미리보기를 통해 확인하고 오른쪽 위의 닫기(⊠)를 클릭합니다.

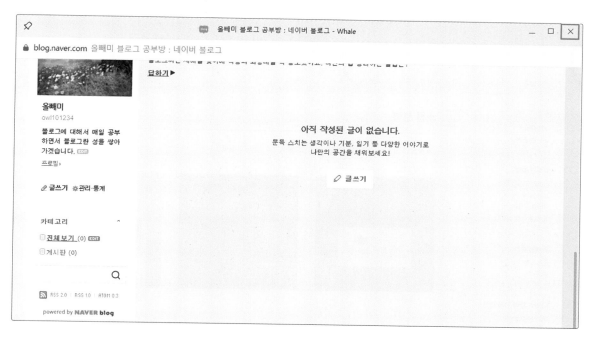

9. '레이아웃을 블로그에 적용하시겠습니까'라는 메시지 창이 나타나면 [확인]을 클릭합니다.

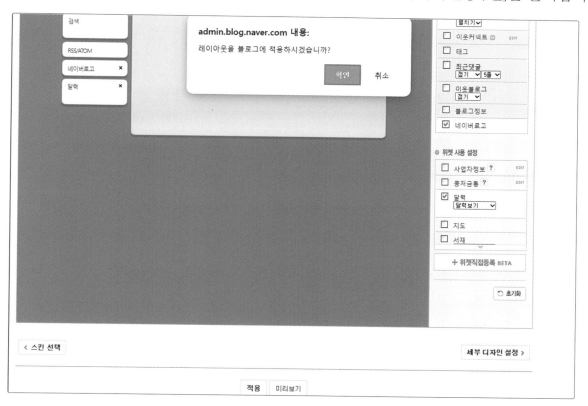

tip 레이아웃과 위젯은 언제든 변경 가능하니 마음에 드는 방식으로 계속 바꾸어 봅니다.

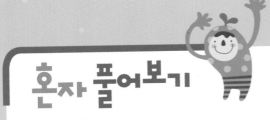

혼자 풀어보기

① [내 메뉴]-[스킨 변경]에서 원하는 스킨을 미리보기 해보세요.

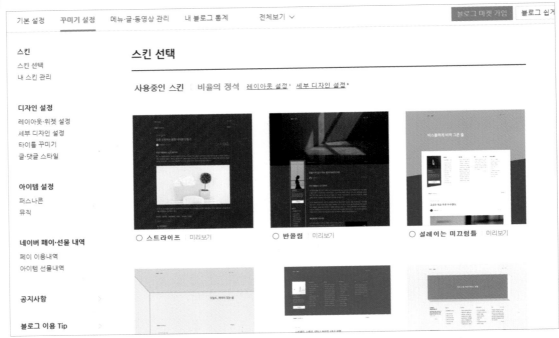

② [스킨 미리보기]-[레이아웃 변경]으로 들어가 [위젯 사용 설정]에 시계를 추가해 블로그에 적용해보세요.

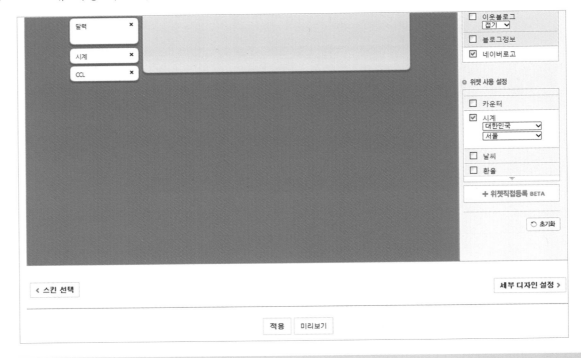

③ [위젯 사용 설정]에 [날씨]를 클릭해 추가해보세요.

④ 날씨 위젯을 추가한 후 미리보기를 해보세요.

SECTION
04

카테고리 편집하기

블·로·그·만·들·기

이번 장에서는 내 블로그의 카테고리를 편집하는 방법을 알아보겠습니다. 카테고리는 블로그의 비슷한 내용끼리 묶어 분류한 글 목록입니다.

1 카테고리 생성 및 추가하기

1. 내 블로그에 접속 후 [내 메뉴]−[관리]를 클릭합니다.

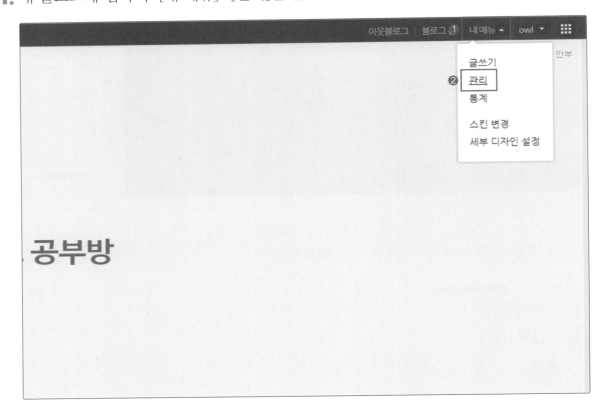

2. [blog 관리] 화면에서 [메뉴·글·동영상 관리]를 클릭한 다음, 왼쪽의 [메뉴 관리]에서 [블로 그]를 클릭하여 나타난 [카테고리 전체 보기]에서 [게시판]을 클릭합니다.

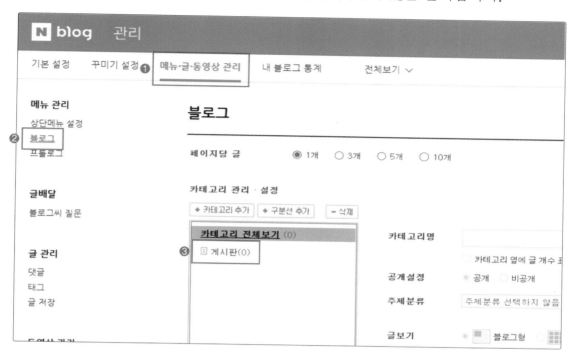

3. [카테고리 명]에서 '게시판'을 지우고 '블로그'라고 입력 후 [카테고리 옆에 글 개수 표시]를 클 릭하고, 주제분류에서 [교육 학문]을 클릭해 선택합니다.

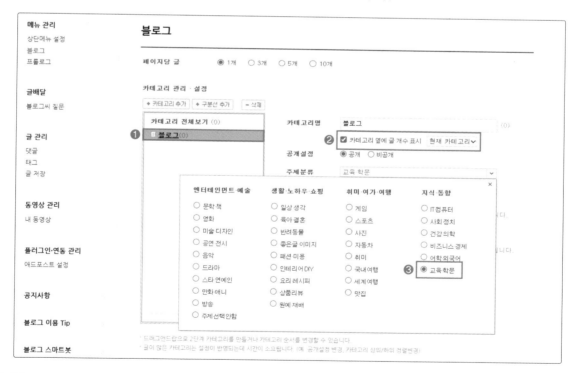

tip 카테고리 옆에 글의 개수가 많을수록 블로그가 충실한 것이라는 의미가 되므로, 많은 방문객을 방문을 유도 할 수 있습니다.

4. [글 보기]는 [블로그형]으로 선택하고 [확인]을 클릭합니다.

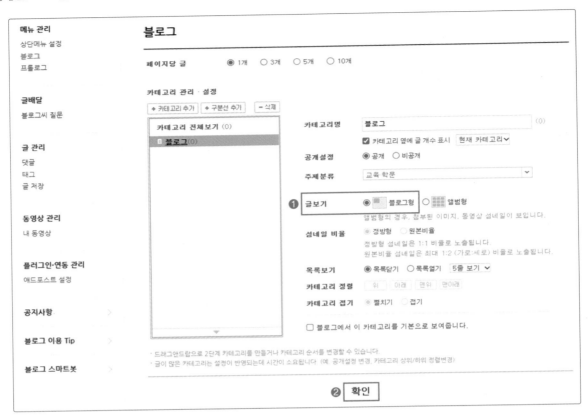

5. [카테고리 전체 보기]를 클릭하고 두번째 게시판을 만들기 위해 [카테고리 추가]를 클릭합니다.

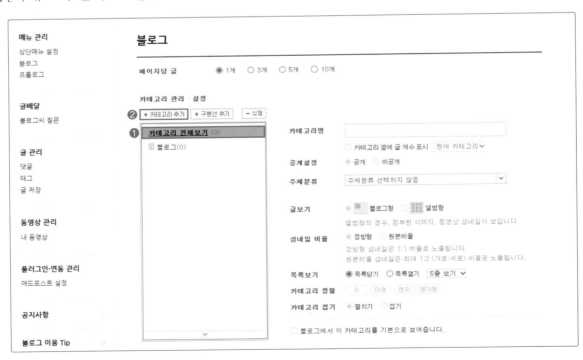

6. [카테고리 명]에 '오늘 하루'를 입력하여 주제분류는 일상ᆞ생각으로 설정 후 [확인]을 클릭합니다.

2 카테고리 삭제 및 구분선 넣기

1. [카테고리 전체 보기]를 클릭 후 [카테고리 추가]를 클릭해 게시판을 추가합니다.

2. 방금 추가한 게시판을 삭제해 보기로 합니다. 삭제하려는 [게시판]을 선택한 후 [삭제]를 클릭하면 나타나는 [카테고리 삭제] 안내창에서 [삭제]를 클릭해 방금 생성한 카테고리를 삭제합니다.

3. [오늘 하루] 밑에 구분선을 넣어보기로 합니다. [오늘 하루] 카테고리를 클릭하고 [구분선 추가]를 클릭해 구분선을 추가합니다.

3 **하위 카테고리 추가 및 이동하기**

1. [카테고리 전체 보기]를 클릭하고 [카테고리 추가]를 클릭해 [컴퓨터 공부] 게시판을 생성합니다.

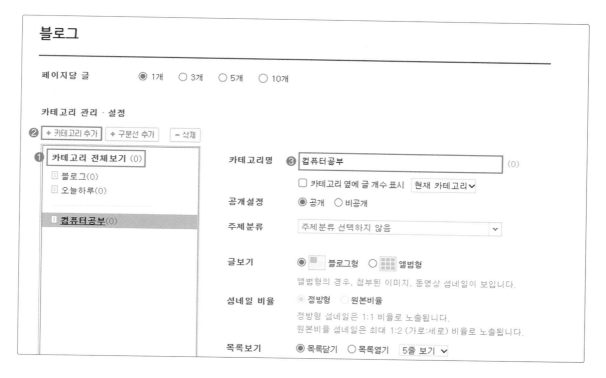

2. [컴퓨터 공부] 카테고리를 클릭 후 [카테고리 추가]를 클릭한 다음, [한글] 카테고리를 만들면 컴퓨터 공부 하위 카테고리로 추가됩니다.

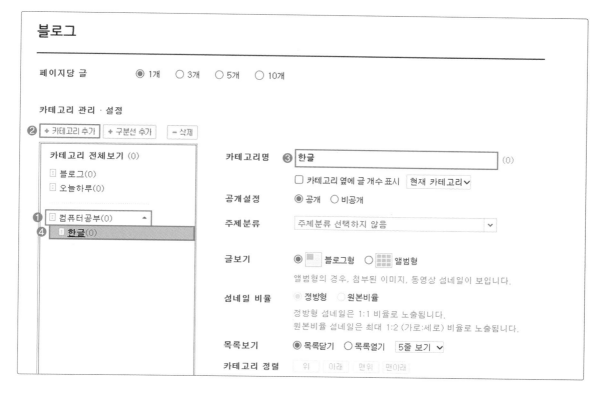

3. 위와 같은 방법으로 '엑셀', '파워포인트' 카테고리를 [컴퓨터 공부] 하위 카테고리로 추가합니다.

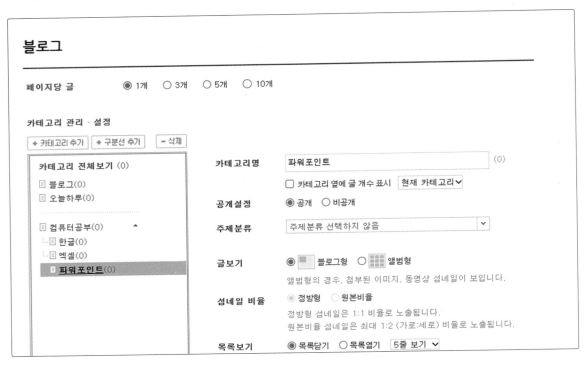

4. [파워포인트] 카테고리를 마우스로 드래그해 [한글] 카테고리 위로 이동시킵니다.

5. 카테고리가 모두 만들어졌습니다. [확인]을 클릭합니다.

6. '성공적으로 반영되었습니다'라는 메시지 창이 나타나면 [확인]을 클릭합니다.

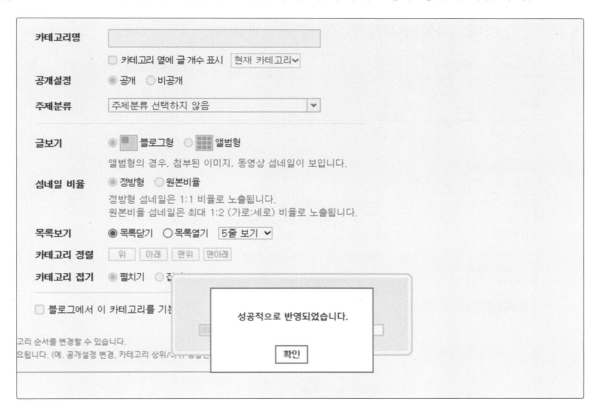

혼자 풀어보기

① 내 블로그에 접속 후 [카테고리 관리 · 설정]에서 [블로그] 카테고리 명을 [블로그 공부]로 변경해보세요.

② [인터넷] 카테고리를 추가한 후 [삭제] 해보세요.

③ [자유게시판] 카테고리를 추가한 후 아래의 위치로 이동해보세요.

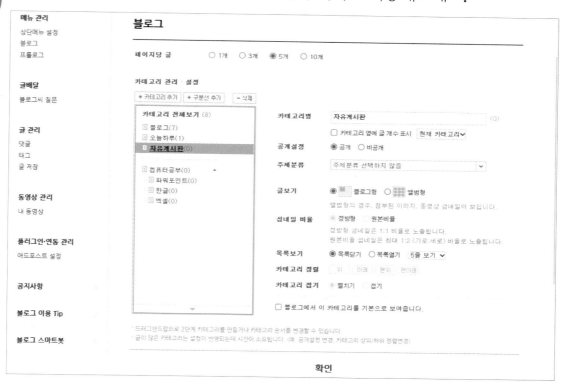

④ [엑셀] 카테고리 아래 구분선을 추가한 후 삭제해보세요.

SECTION 05 타이틀 만들기

블·로·그·만·들·기

이번 장에서는 내 블로그에 타이틀을 만들어 보는 방법을 알아보겠습니다. 타이틀은 블로그의 대문이라고 볼 수 있습니다. 블로그를 방문하는 사람들에게 가장 먼저 보여지는 이미지 부분입니다.

1 블로그 타이틀 크기 설정하기

1. 인터넷에 접속 후 '미리캔버스'를 검색하여 [미리캔버스]에 접속합니다.

2. 미리캔버스에 접속한 후 [바로 시작하기]를 클릭합니다.

3. '템플릿 선택'은 [건너뛰기]를 클릭한 후 [회원가입]을 클릭합니다.

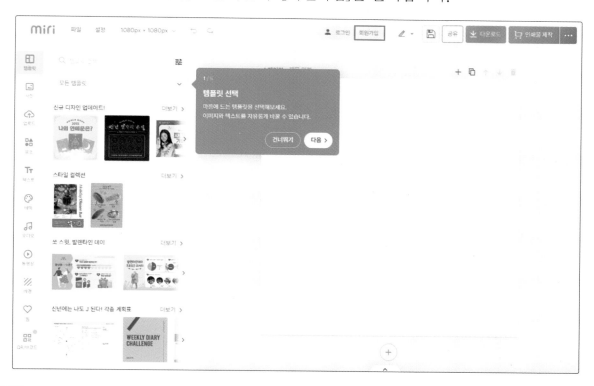

tip 타이틀을 완성한 후 다운로드 받으려면 회원가입이 되어 있어야 합니다.

4. [네이버로 간편 로그인]을 클릭합니다.

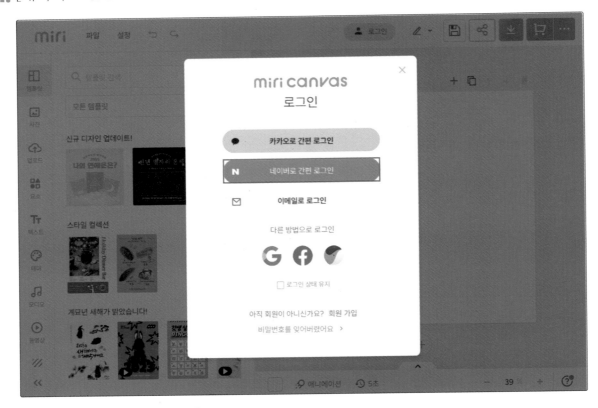

> **tip**
> 카카오가 편하면 카카오로 로그인해도 됩니다.

5. 네이버 아이디와 비밀번호를 입력 후 [로그인]을 클릭합니다.

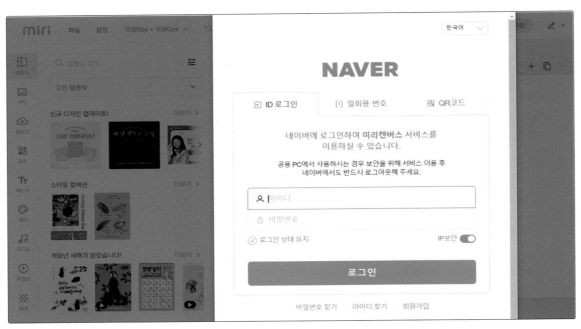

6. '편하게 로그인하세요' 창이 나타나면 [로그인 유지하기]를 클릭합니다.

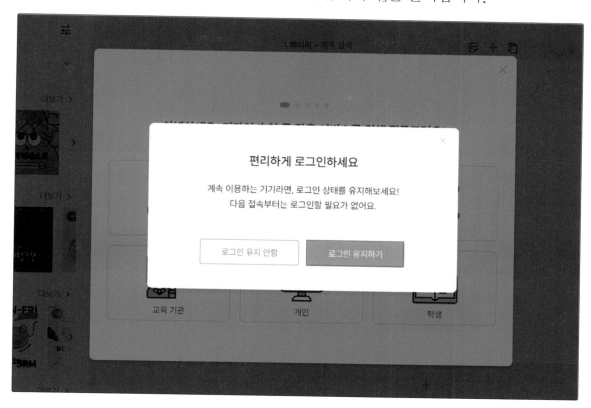

7. [템플릿(▦)]을 클릭 후 [설정 1080px×1080px]를 클릭하고 [직접입력(✐)]을 클릭합니다.

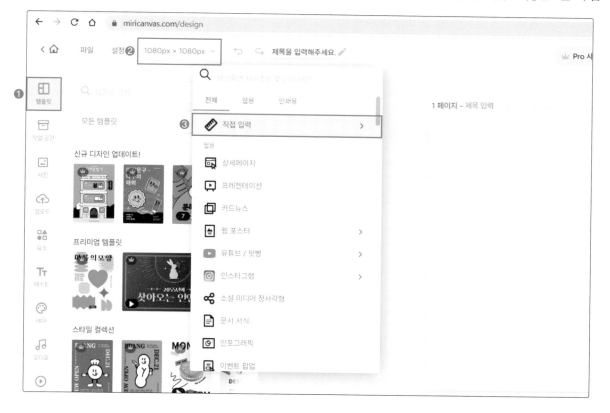

8. 966px, 300px를 입력 후 [적용하기]를 클릭합니다.

2 블로그 타이틀 이미지 업로드하기

1. 왼쪽 메뉴에서 [업로드(☁)] 메뉴를 클릭 후 [업로드]를 클릭합니다.

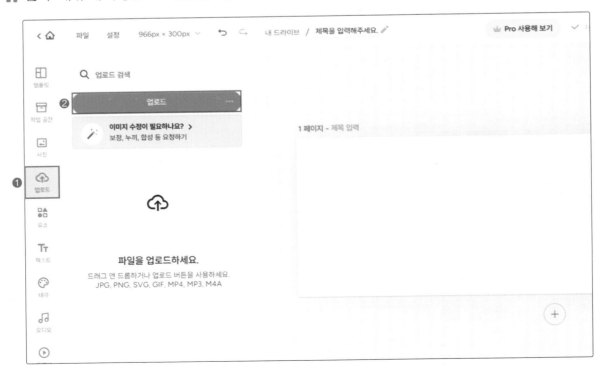

2. 예제파일 '05-01.jpg'을 선택하여 [열기]를 클릭하면 파일 메뉴에 이미지가 업로드됩니다.

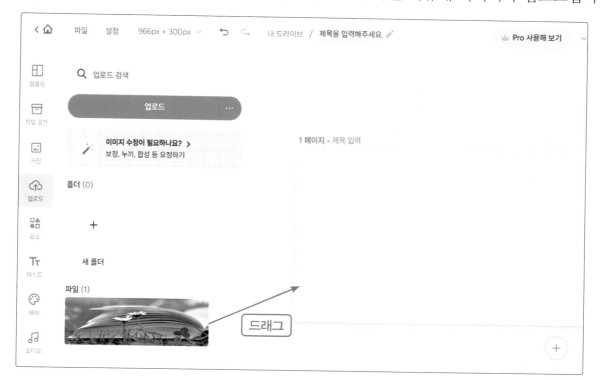

tip

파일 옆의 괄호 속 숫자는 업로드된 파일의 개수입니다.

3. 위 그림처럼 이미지를 우측으로 이동시킨 다음, 오른쪽 마우스로 크기를 조절합니다.

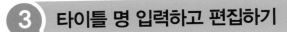

3 타이틀 명 입력하고 편집하기

1. [텍스트(Tr)] 메뉴를 클릭 후 [폰트]를 클릭하고 [고딕 스타일]에서 [여기어때 잘난체]를 마우스로 드래그해 원하는 위치에 배치합니다.

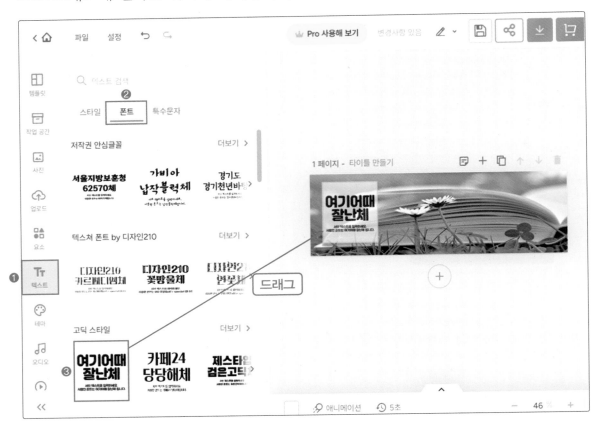

2. 삽입된 텍스트를 클릭하여 선택하고 마우스 우측 버튼을 눌러 [그룹 해제(⊞)]를 클릭합니다.

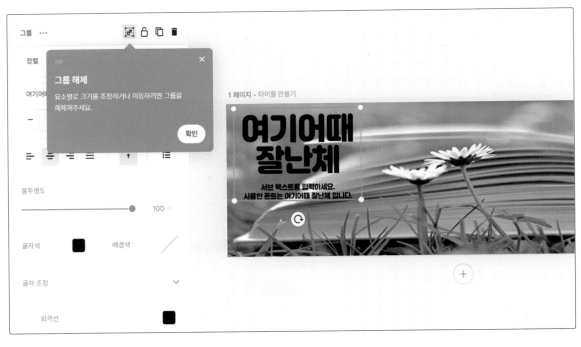

3. 입력된 텍스트의 아래에 있는 텍스트를 더블클릭 후 드래그하여 블록으로 지정한 후 `Del` 키를 눌러 삭제합니다.

4. 남은 텍스트를 클릭 후 '올빼미의 공부방'으로 변경한 다음, [글자색]의 색상 선택 부분을 클릭해 원하는 색상으로 변경합니다.

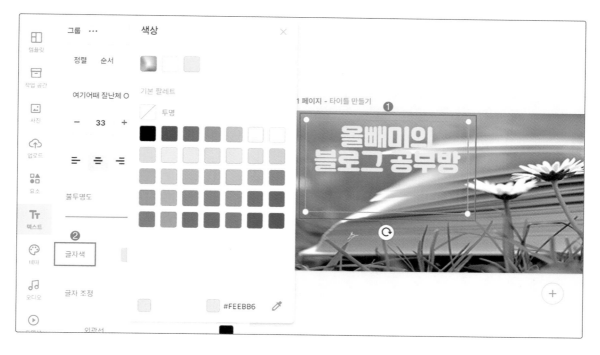

5. 스크롤바를 아래로 내려 [외곽선]을 클릭한 후 색상은 검은색으로 선택하고 두께는 24로 설정
합니다. 그리고 [그라데이션]을 클릭한 후 마음에 드는 그라데이션 색상을 선택합니다.

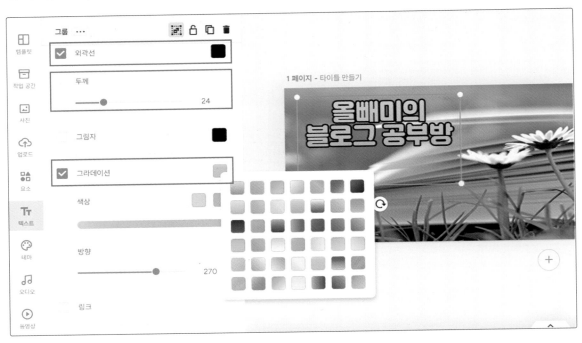

4 완성한 타이틀 다운로드 받기

1. 블로그 타이틀이 완성되면 [다운로드( )]-[웹용]-[jpg( )]를 클릭 후 [고해상도 다운로
드]를 클릭합니다.

2. [파일 다운로드]−[다른 이름으로 저장]을 클릭합니다.

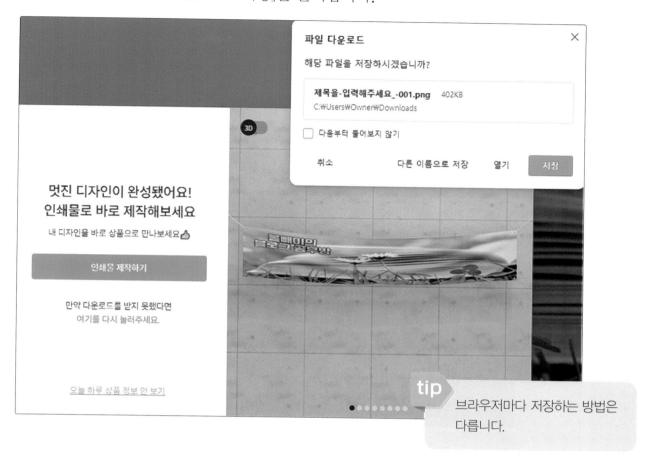

tip 브라우저마다 저장하는 방법은 다릅니다.

3. 원하는 위치에 파일명을 '블로그 타이틀'로 하여 저장합니다.

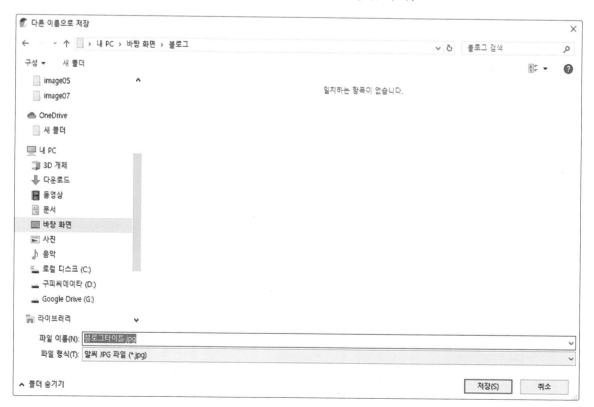

혼자 풀어보기

① 미리 캔버스에 접속 후 '05-02.jpg' 이미지 파일을 페이지에 넣고 크기를 조절해보세요.

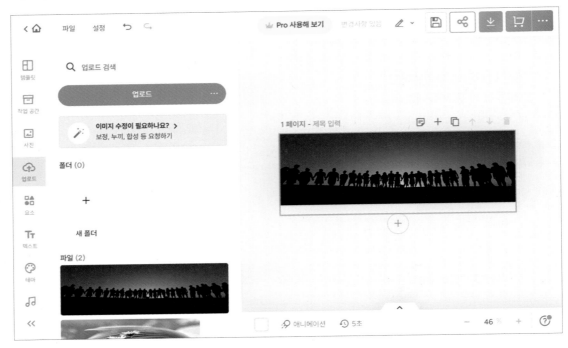

② 업로드한 이미지를 클릭하고 [사진(🖼)]을 클릭한 다음, [필터 효과]를 클릭한 후 '저녁노을'을 선택하고, '블로그 타이틀 만들기'로 타이틀 제목을 입력 후 저장해보세요.

3 미리캔버스에서 블로그 타이틀 사이즈로 설정한 후 [사진]에서 '하늘'을 검색하여
마음에 드는 이미지를 페이지에 드래그해 크기를 조절해보세요.

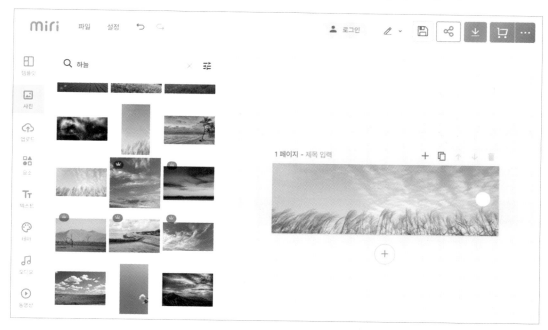

4 [텍스트]-[제목 텍스트 추가]를 한 후 글자 크기를 '30'으로 설정하고 '블로그 타이
틀'을 입력해보세요. 입력한 텍스트에 [곡선]을 클릭하여 곡선 효과를 적용해보세
요(글꼴은 자유롭게 적용해보세요).

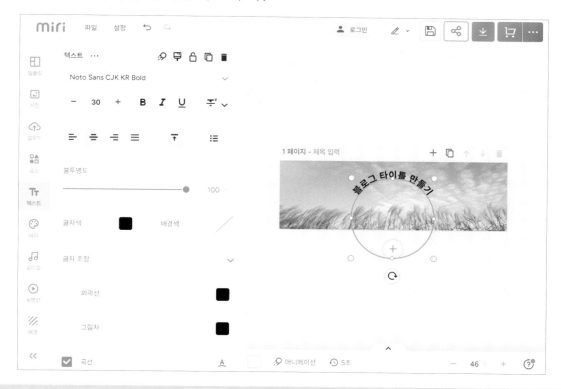

타이틀 적용과 세부 디자인 설정하기

블·로·그·만·들·기

이번 장에서는 리모콘 기능을 사용하여 나만의 블로그 디자인을 설정해보도록 하겠습니다.

1 내 블로그에 타이틀 적용하기

1. 내 블로그에 접속 후 [세부 디자인 설정]을 클릭합니다.

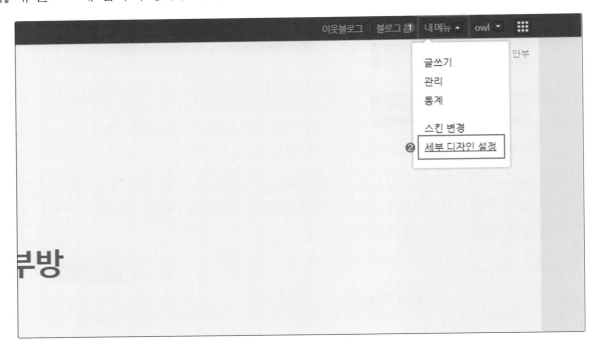

2. [타이틀]을 클릭 후 [블로그 제목]에 표시를 클릭하여 해제하고, 영역 높이를 '325'로 드래그하여 설정합니다.

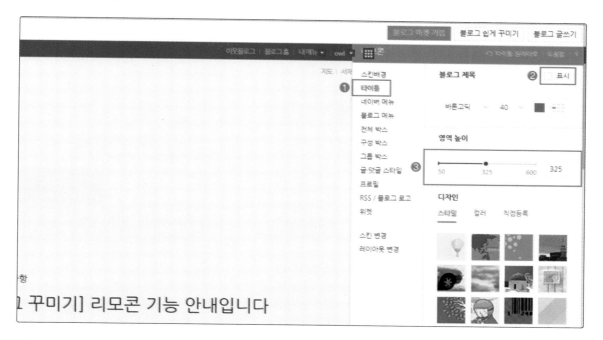

tip [블로그 제목]에 체크를 해제하지 않으면 내가 직접 만든 타이틀을 적용했을 때 글자가 겹쳐 보입니다.

3. [디자인]−[직접 등록]을 클릭한 후 [파일 등록]을 누릅니다.

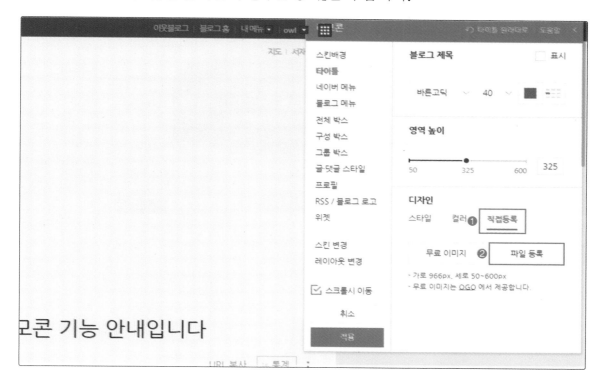

4. [열기] 창이 나타나면 예제파일 '06-01.jpg'을 선택하고 [열기]를 클릭합니다.

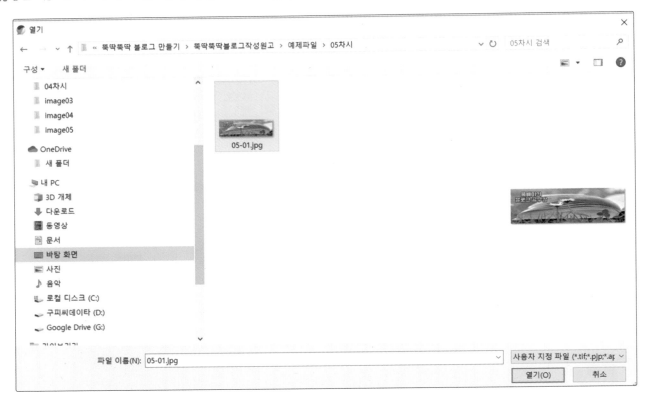

5. 내 블로그에 직접 만든 블로그 타이틀이 적용된 것이 마음에 들면 [적용]을 클릭합니다.

6. [세부 디자인 적용]에 [내가 만든 스킨에 저장합니다]에 클릭한 후 [적용]을 클릭합니다.

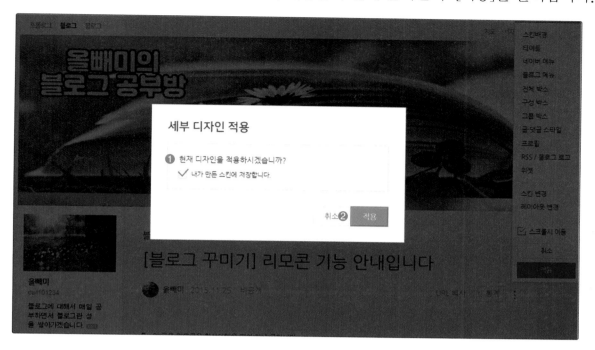

2 세부 디자인 설정하기

1. [내 메뉴]-[세부 디자인 설정]을 클릭한 다음, [리모콘]에서 [네이버 메뉴]를 클릭합니다. 원하는 디자인을 클릭하여 선택한 후 내용색을 원하는 색으로 선택합니다.

2. [블로그 메뉴]를 클릭한 후 제일 첫 번째 디자인을 클릭하여 선택합니다. 기본색은 검정 (#000000), 강조색은 빨강(#FF0010)으로 선택합니다.

3. [전체 박스]를 클릭한 후 원하는 디자인을 클릭하여 선택합니다.

4. [구성 박스]를 클릭한 후 원하는 디자인을 클릭하여 선택합니다.

5. [RSS/블로그 로고]에서 원하는 디자인을 선택합니다.

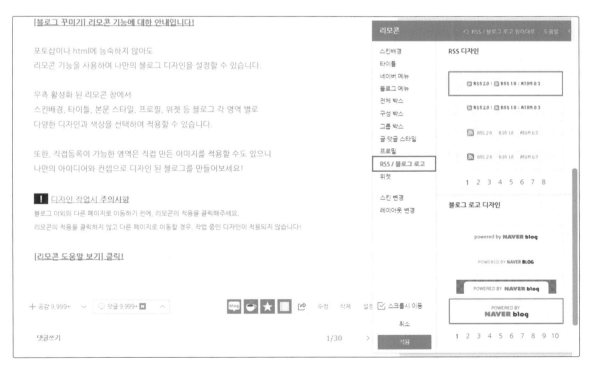

6. [위젯]에서 원하는 디자인을 선택합니다.

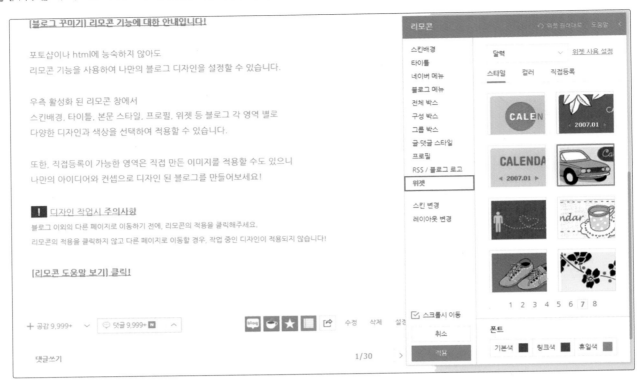

7. [스킨 배경]에서 원하는 디자인을 선택합니다.

모든 작업을 마쳤으면
하단의 [적용]을 클릭합니다.

1. [세부 디자인 적용]에서 현재 만든 디자인을 저장한다는 내용에 클릭하고 '타이틀 적용과 세부 디자인 적용하기'를 입력하고 [적용]을 클릭합니다.

2. [내 스킨 관리]에서 내가 만든 스킨을 클릭합니다.

3. [스킨 미리보기]가 나타나면 [바로 적용]을 클릭 후 [확인]을 클릭합니다.

4. 블로그의 세부 디자인이 적용된 내 블로그의 모습을 확인합니다.

혼자 풀어보기

① [리모콘] 기능으로 [스타일]에서 아래와 같은 이미지로 타이틀을 설정하고, 블로그 제목을 나타나게 해보세요. 네이버 메뉴도 원하는 디자인으로 설정해보세요.

② 다시 타이틀을 직접 등록으로 원래의 이미지인 예제파일 '05-01.jpg' 타이틀로 등록해보세요.

SECTION 07

블·로·그·만·들·기

스마트에디터 ONE으로 글쓰기

이번 장에서는 스마트에디터 ONE으로 내 블로그에 글을 쓰는 방법을 알아보겠습니다. 스마트에디터 ONE의 기능을 익혀 내가 표현하고자 하는 글을 더욱 풍성하고 효과적으로 전달하도록 해보겠습니다.

1 제목 입력하기

1. 내 블로그에서 [글쓰기(✎ 글쓰기)]를 클릭합니다.

tip 제목은 블로그를 방문하는 사람들에게 가장 먼저 읽혀지는 부분이므로 전달하고자 하는 내용이 함축된 내용으로 작성합니다. 블로그를 방문한 사람들은 제목만 보고 본문 내용을 읽을지 말지 선택하는 경우가 많습니다.

2. '제목'을 클릭하여 '오늘의 명언1'을 입력한 후 제목에 배경사진을 넣기 위해 사진(🖼)]을 클릭하고 예제파일 '07-01.jpg' 이미지 파일을 배경사진으로 넣습니다.

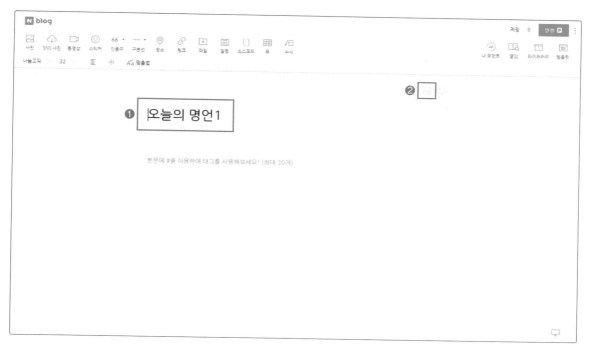

3. [대표(✓대표)]를 클릭하여 이미지를 대표사진으로 지정하고 위치이동[(⟨⟩위치이동)]을 클릭합니다.

tip

대표사진은 블로그 글을 검색했을 때 보여지는 사진입니다. 쓰고 있는 글에 올린 여러 사진 중 내 글을 가장 잘 표현할 수 있는 사진을 골라 선택합니다.

4. 이미지를 조정한 후 [확인]을 클릭합니다.

2 본문 입력하기

1. 본문 영역을 클릭한 다음, [인용구(66)]를 클릭한 후 [따옴표( )]를 클릭합니다.

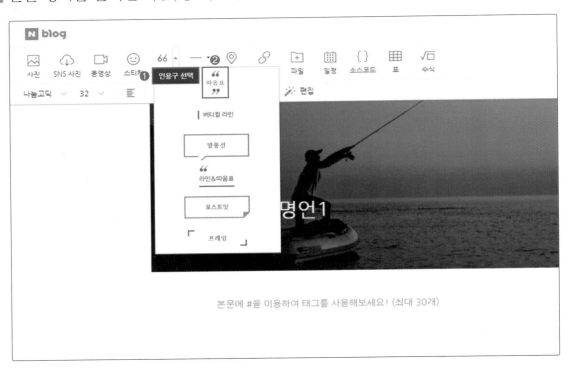

2. '학생으로 계속 남아 있어라. 배움을 포기하는 순간 우리는 폭삭 늙기 시작한다.'를 입력한 후 출처 입력에는 '세익스피어'를 입력하고 Enter 를 두 번 누릅니다.

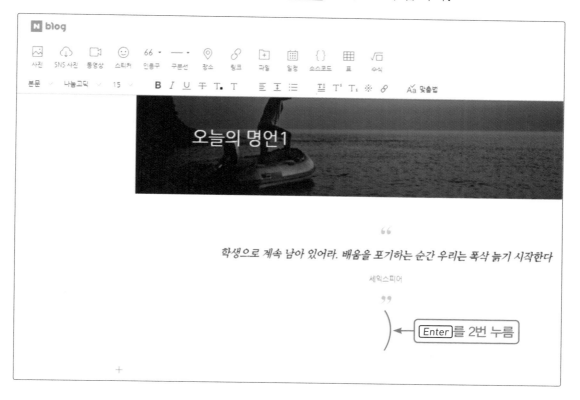

3 글감 활용하여 사진 넣기

1. [글감()]을 클릭한 후 [사진]을 클릭합니다.

2. [검색(Q)] 란에서 '학생'을 입력한 후 [Enter]를 눌러 나타나는 사진에서 원하는 사진을 골라
클릭을 합니다.

3. 입력한 사진에 [Enter]를 두 번 누른 후 [구분선(−)]의 '구분선 선택'을 클릭한 다음, [구분선2]
를 클릭하여 삽입한 후 [Enter]를 두 번 누릅니다.

4. 인용구로 '따옴표'를 넣고 인용구 안의 내용은 '허물이 있다면 버리기를 두려워 말라'로 입력합니다. 그리고 [글감]에서 '자연'을 검색해 원하는 사진을 클릭하여 본문에 삽입합니다.

5. 본문에 사진이 입력되면 `Enter`를 두 번 누릅니다.

6. 첫 번째 입력한 본문글을 마우스로 드래그하여 블록으로 설정한 후 [굵기적용(**B**)]을 클릭한 다음, [글자색 변경(T.)]을 클릭하고 녹색으로 선택합니다.

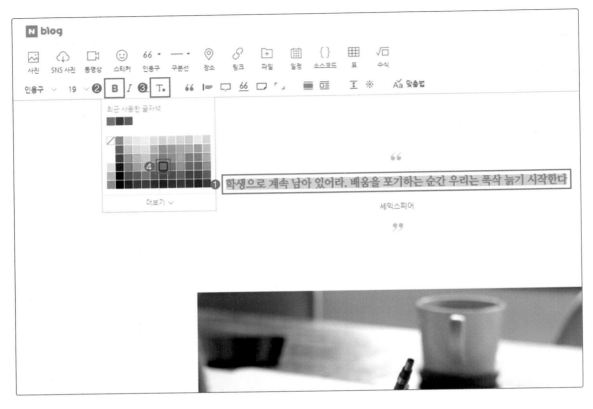

7. 사이드패널 메뉴에서 ⊠를 눌러 닫습니다.

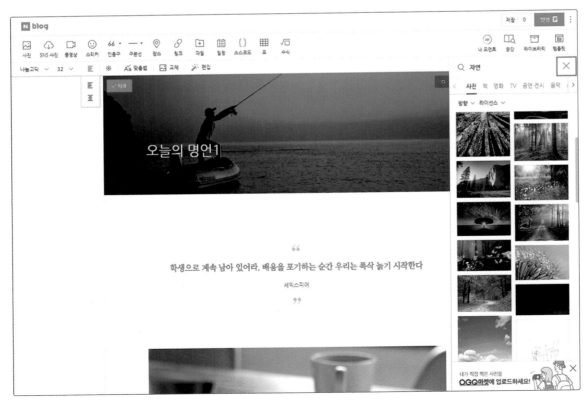

8. 하단 물음표 버튼 위의 [PC화면(⬚)]을 눌러 모바일에서 내가 작성한 글이 어떻게 보이는지 살펴봅니다.

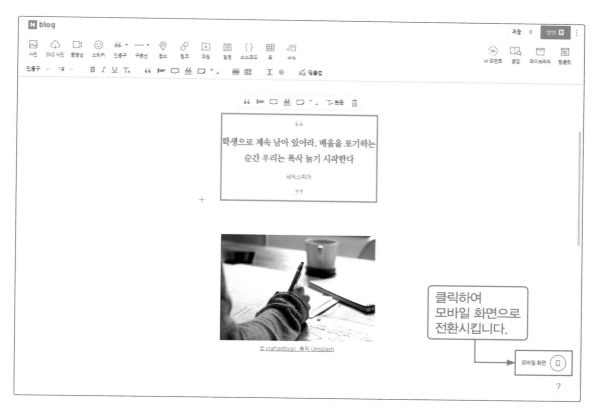

9. 이번에는 [모바일 화면(⬚)]을 눌러 태블릿 화면으로 전환 후 내 글이 태블릿에서 어떻게 보이는지 살펴본 후 [태블릿 화면(⬚)]을 클릭하여 PC 화면으로 전환합니다.

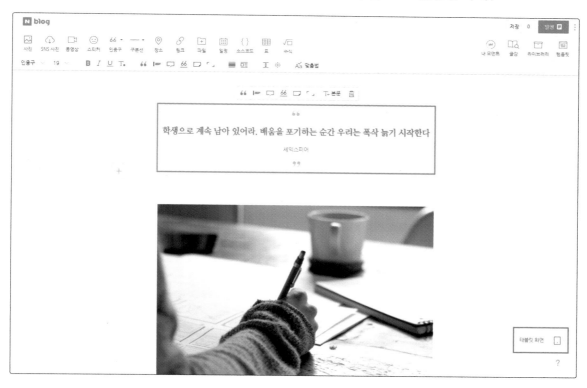

4 맞춤법 검사하고 글 발행하기

1. 글이 완성되면 발행하기 전 [맞춤법(Aa)]을 클릭하여 맞춤법 검사를 하는 것이 좋습니다.

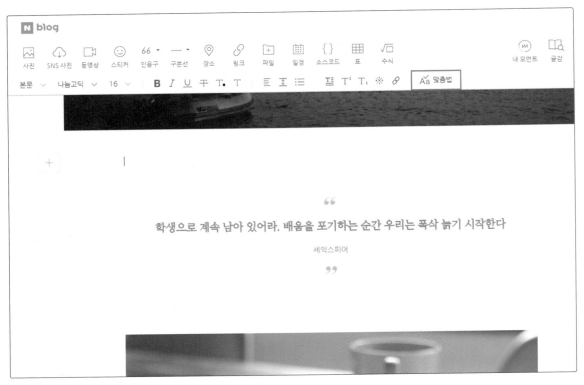

2. 맞춤법이나 뛰어쓰기 오류를 에디터가 자동으로 찾아주게 되는데 확인해보고 수정이 필요하면 [수정] 메뉴를 클릭하여 제목과 본문에 작성한 글에 대한 맞춤법 검사를 마칩니다. 맞춤법 검사까지 마친 글을 발행해보겠습니다. 오른쪽 위 [발행]을 클릭합니다.

3. [카테고리]는 '오늘하루'로 선택해줍니다.

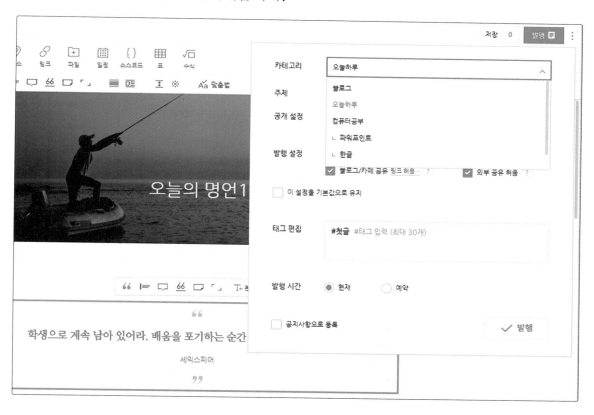

4. [태그편집]에 '블로그'라고 입력한 다음, Space Bar 를 눌러가며 '명언', '명언모음'을 입력한 후 [발행(✓ 발행)]을 클릭하여 글을 발행합니다.

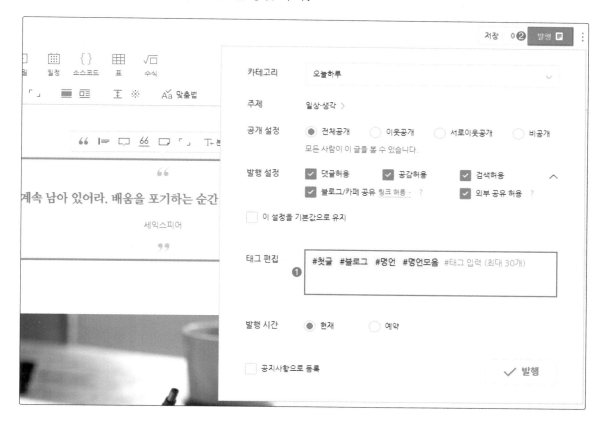

1 '빨간 장미, 빨간 장미의 꽃말'이란 제목으로 새 글을 작성하고, 글감에 장미를 검색하여 장미 이미지를 본문에 삽입해보세요.

2 '빨간 장미는 무조건적 사랑을 의미한다고 합니다.'라는 내용을 입력하고, 카테고리와 태그를 넣어 글을 발행해보세요.

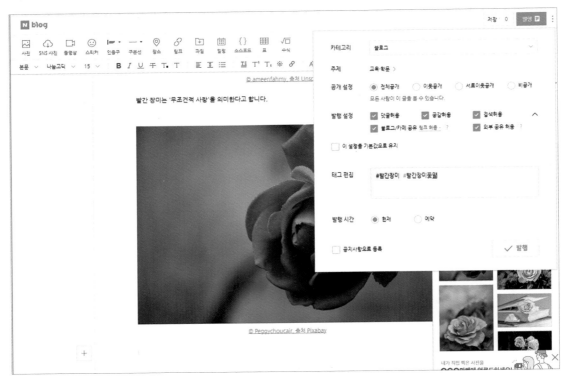

③ 블로그 글쓰기에서 제목에 '아름다운 사계절 사진 모음'으로 입력한 뒤 [인용구2] '버티칼라인'을 클릭하고 소제목으로 '한국의 아름다운 사계'를 입력해보세요.

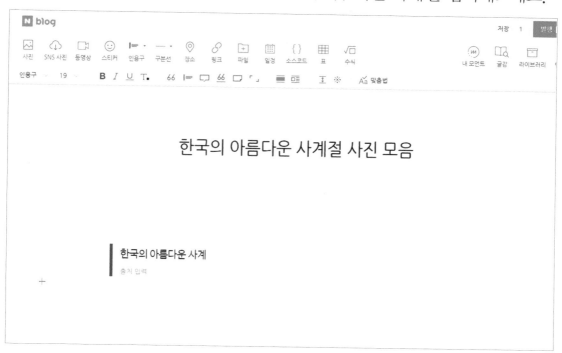

④ 예제파일 07-02.jpg~07-05.jpg를 콜라쥬 형식으로 입력하고 글을 발행해보세요.

SECTION 08

포토에디터로 사진 편집하기

블·로·그·만·들·기

이번 장에서는 포토에디터를 사용하여 사진을 편집하는 방법을 알아보겠습니다. 포토에디터는 사진 자르기부터, 보정, 필터, 스티커, 서명 등 사진 편집과 꾸미기를 제공하여 몇 번 클릭만으로 전문가 수준의 사진 편집이 가능합니다.

1 사진 첨부하기

1. 내 블로그에 글쓰기로 들어와 제목에 '포토에디터로 사진 편집 실습하기', 본문에 '포토에디터로 사진 편집 실습하기입니다.'를 입력 후 글꼴은 나눔스퀘어, 크기는 19, 진하게로 설정합니다.

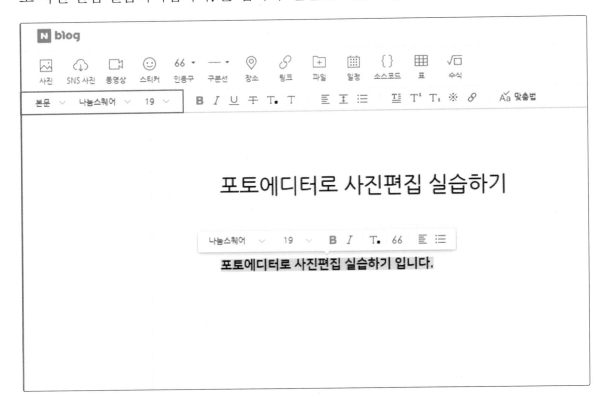

tip 글꼴을 설정할 때는 모바일까지 염두에 두고 고르는 것이 좋습니다. 전달하고자 하는 글의 내용에 따라 글꼴을 여러 가지 다르게 적용해보고 내 블로그 성격에 잘 맞는 글꼴을 선택합니다.

2. [사진] 메뉴를 클릭 후 예제파일 '08-01.jpg~08-03.jpg' 이미지 파일을 선택하고 [열기]를 클릭합니다. [사진 첨부 방식]은 [개별 사진]을 선택합니다.

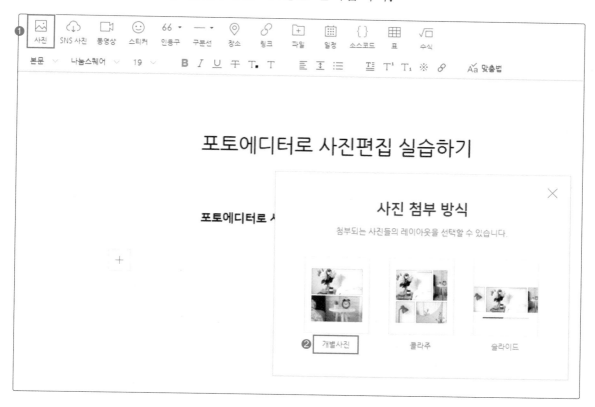

3. 다시 [사진] 메뉴를 클릭하여 예제파일 '08-04.jpg~08-07.jpg' 이미지 파일을 선택 후 [열기]를 클릭합니다. [사진 첨부 방식]은 [콜라주]를 선택합니다.

4. '08-01.jpg' 이미지에 왼쪽 상단에 있는 [대표]를 클릭하여 대표 이미지로 설정하고, 이미지를 클릭한 후 나타나는 미니 도구 중 [사진 편집(🪄)]을 클릭합니다.

5. 사진을 편집할 수 있는 에디터 화면이 나타나면, [크기(■)]를 클릭하여 [직접 입력]을 선택 후 '700'으로 설정하고 [모든 사진]을 클릭합니다.

> **tip** 사진 크기를 모든 사진에 일률적으로 적용할 수도 있고, [사진 선택]을 클릭해 원하는 사진의 크기만 조절할 수 있습니다.

② 사진 편집하기

1. 이번에는 [필터(⊗)] 메뉴를 클릭하여 [Twinkle]을 선택 후 [완료]를 클릭합니다.

2. '08-02.jpg' 이미지를 더블클릭해 포토에디터로 들어온 후 [보정(⊟)]을 클릭하여 밝기 30, 대비 50, 바네팅 60으로 설정 후 [완료]를 클릭합니다.

3. '08-03.jpg' 이미지를 더블클릭해서 포토에디터로 들어온 후 [액자(■)]를 클릭하여 원하는 스타일로 선택 후 [완료]를 클릭합니다.

4. '08-04.jpg' 이미지를 더블클릭해서 포토에디터로 들어온 후 [서명(ⓒ)]을 클릭하여 [텍스트]로 선택 후 [완료]를 클릭합니다. 텍스트를 선택하면 자동으로 이미지에 블로그 주소가 표시됩니다.

3 사진에 텍스트 입력하여 글 발행하기

1. '08-05.jpg' 이미지를 더블클릭해서 포토에디터로 들어온 후 [텍스트(■T)]을 클릭하여 [일반 텍스트] 옆의 ⌄ 버튼을 눌러, [추가(■ 추가)]를 클릭합니다.

2. 글꼴은 '나눔 명조', 크기는 34p로 설정 후 텍스트 상자를 더블클릭하여 '즐거웠던 거제도 여행' 을 입력 후, 마우스로 텍스트 상자를 드래그하여 왼쪽 위로 이동합니다.

3. 동일한 방법으로 [일반 텍스트]를 하나 더 추가해서 '여기는 매미성이랍니다'를 입력한 후 나눔
명조, 16px로 설정하고 원하는 위치로 드래그한 후 [완료]를 클릭합니다.

4. '08-06.jpg' 이미지를 더블클릭해서 포토에디터로 들어온 후, [텍스트(**T**)]을 클릭하여 [아트
타이포]의 '나 홀로 제주' 스타일을 선택합니다.

5. 텍스트 상자를 더블클릭한 후 '아름다웠던 거제도 또 가고 싶네요'를 입력합니다.

6. [스티커(☺)]를 클릭하여 원하는 스티커를 선택한 다음, 이미지에 삽입 후 크기를 조절하고 [완료]를 클릭합니다.

7. '08–07.jpg' 이미지를 더블클릭해서 포토에디터로 들어온 후 [스티커(☺)]를 클릭합니다. 원하는 스티커를 두 개 클릭하여 이미지에 삽입 후 크기를 조절하고 [완료]를 클릭합니다.

8. 왼쪽 위 [발행]을 누른 다음, 태그 편집에 '여행'을 입력 후 Space Bar 를 누릅니다. 이어서 '거제도'를 입력하고 [발행]을 클릭하여 글을 발행합니다.

혼자 풀어보기

1 내 블로그에 글쓰기로 들어와 '08-08.jpg, 08-09.jpg' 이미지를 개별 사진으로 삽입해보세요.

2 첫 번째 이미지에 필터 효과를 'Blank'로 설정하고, 슬라이드 막대를 오른쪽 끝으로 드래그하여 '100'을 설정해 흑백사진으로 만든 후 글을 [발행] 해보세요.

캡처 기능 활용하여
글 발행하기

블·로·그·만·들·기

캡처 기능을 이용하면 원하는 이미지를 마음대로 잘라 이용할 수 있습니다. 이번 장에서는 캡처 기능을 활용하여 블로그에 글을 쓰고 발행하는 방법을 알아보겠습니다.

1 캡처 프로그램 설치하기

1. 네이버에 접속 후 [알캡처]를 검색하여 다운로드 받아 설치합니다. 알캡처는 '이스트소프트사'가 개발한 무료 화면 캡처 소프트웨어입니다. 컴퓨터 모니터 화면 안의 무엇이든 원하는 부분을 캡처하여 이미지로 저장할 수 있습니다.

tip

설치 시 다음과 같은 창이 나올 때 [제휴서비스]가 체크되어 있으면 바탕화면에 제휴 광고 아이콘이 같이 설치되므로 클릭하여 체크를 해제해주세요.

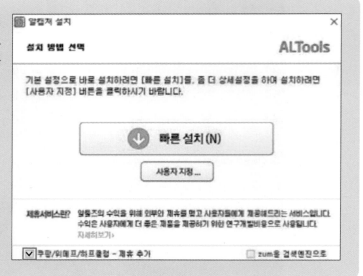

2. [알캡처 설치]가 완료되면 [확인]을 클릭합니다.

3. 바탕화면에 설치된 알캡처 프로그램 아이콘을 더블클릭하여 실행하면 알캡처 실행 창이 나타
납니다. 최소화 단추를 눌러 작업표시줄에 내려놓습니다.

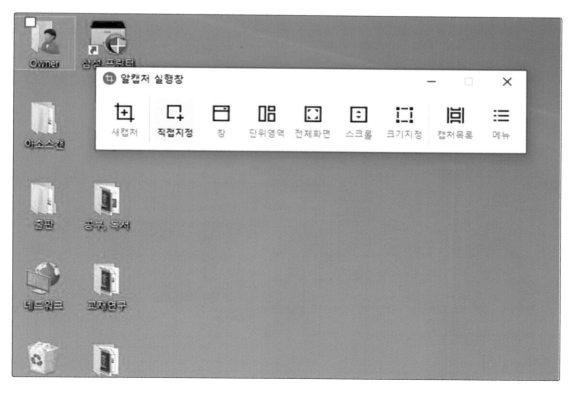

2 네이버 지도 캡처하기

1. 네이버에 접속 후 작업표시줄에 내려놓은 알캡처 아이콘을 클릭하여 [직접 지정]을 클릭합니다.

2. 모니터 화면이 하얗게 변하면 캡처할 준비가 되었으므로 아래와 같은 영역을 마우스로 드래그하여 캡처합니다.

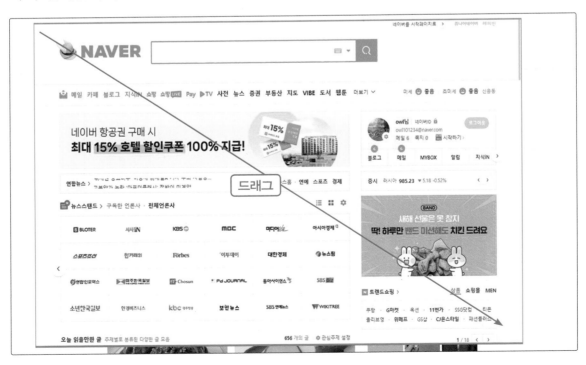

3. [알캡처 결과창]이 나타나면 [메뉴]–[다른 이름으로 저장]을 클릭하여 캡처한 이미지를 '09-01'로 저장합니다. 그리고 [최소화] 단추를 눌러 알캡처 창을 작업 표시줄로 내려놓고 메뉴에서 [지도]를 클릭합니다.

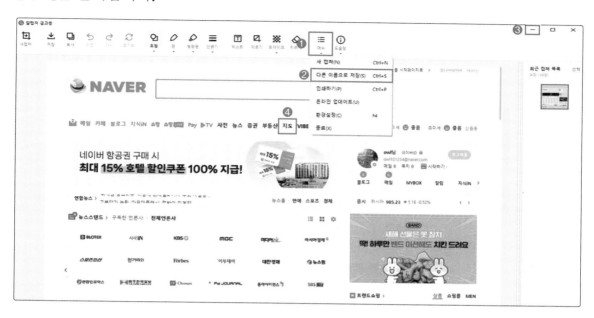

4. 검색창에 [경복궁]을 입력 후 나타나는 결과 목록에서 궁궐을 찾아 클릭합니다.

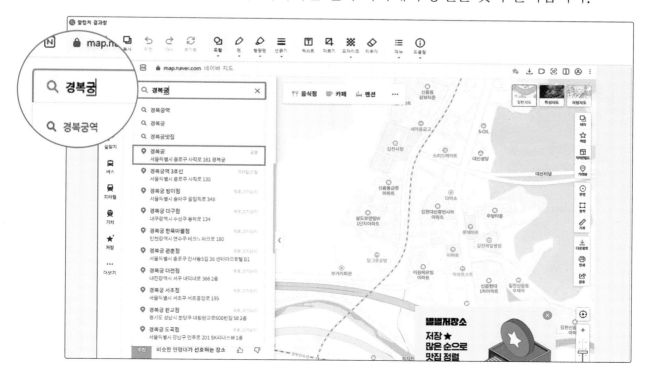

5. 지도에 결과가 나타나면 페이지를 캡처한 후 [알캡처 결과창]에서 [도형]−[네모(■)] 도형을 클릭하고 [윤곽선]을 '빨간색'으로 선택합니다.

6. 경복궁 부분을 마우스로 드래그하여 '빨간 네모 도형'을 그려준 후 '09-02'로 저장해 줍니다. 그리고 알캡처 결과 창의 최소화 단추를 눌러 작업표시줄에 내려놓습니다.

7. 이번에는 오른쪽 사이드 메뉴에서 [테마]를 클릭한 후 [CCTV]를 클릭합니다.

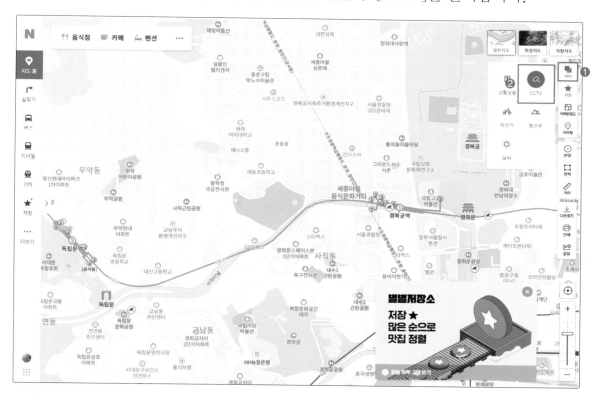

8. '광화문'의 CCTV 부분에 마우스를 가져가서 네모 도형으로 그려준 다음, 캡처하여 '09-03'으로 저장합니다.

9. 알캡처 결과 창의 최소화를 눌러 내려놓고 [CCTV 아이콘(◉)]을 클릭하면 CCTV 현황을 볼 수 있습니다. 이 장면을 캡처한 후 '09-04'로 저장하고 '☒'를 눌러 [알캡처 결과창]을 닫습니다.

지도에서 클릭하면
CCTV 화면이 나타납니다.

10. 'CCTV'창의 '☒'를 눌러 'CCTV'창을 닫은 후 네이버 지도 창의 네이버로고 [N]를 클릭하여 네이버로 돌아갑니다.

3 글 발행하기

1. '네이버 첫 화면에서 [블로그]-[내 블로그]를 클릭해 내 블로그에 들어갑니다.

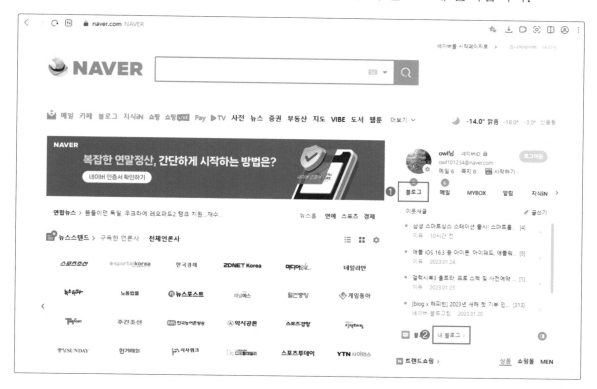

2. [글쓰기]를 클릭하여 스마트에디터 ONE으로 들어갑니다.

3. 제목과 본문을 아래와 같이 입력한 후 기본 도구 막대에서 [사진(🖼)]을 클릭합니다.

> 제목 : 네이버 지도로 전국도로 CCTV 보는 방법
> 본문 : 네이버 지도로 전국도로의 CCTV 보는 방법입니다.
> 　　　1. 네이버에 접속하여 지도를 클릭합니다.

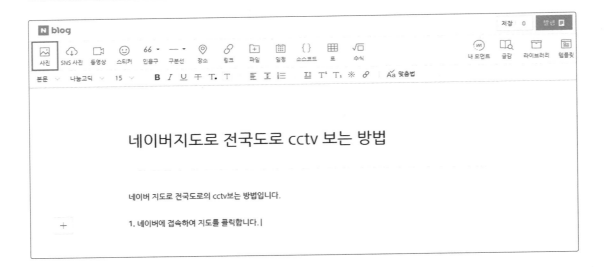

tip 앞에서 저장한 파일을 사용해도 되고, 편의를 위해 예제 파일로도 제공해 놓았으니 예제 파일을 불러와도 됩니다.

4. 예제파일 '09-01.jpg'를 본문 속에 입력한 후 대표 사진으로 설정해줍니다.

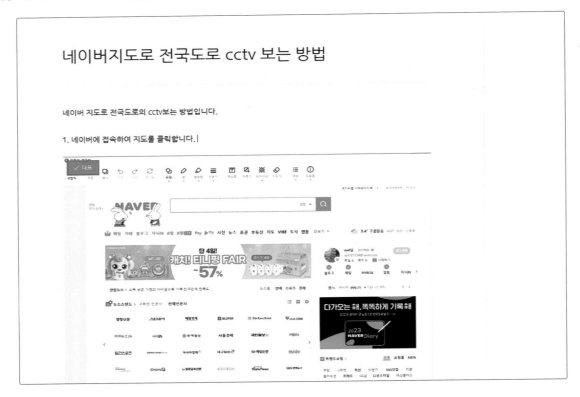

5. Enter 를 두 번 누른 후 '2. 원하는 장소를 검색해서 나타나는 결과 중에서 원하는 결과를 클릭합니다.'라고 입력 후 Enter 를 두 번 누른 다음, 예제파일 '09-02.jpg' 이미지 파일을 삽입합니다.

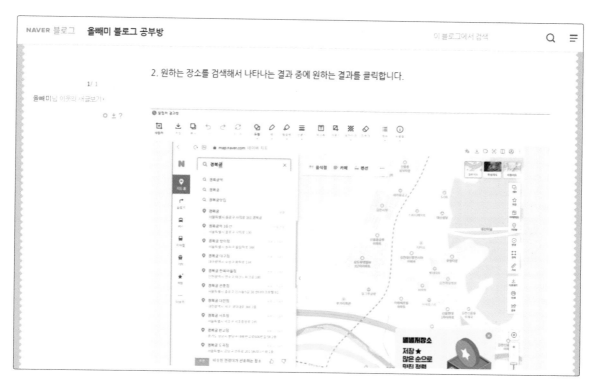

6. '3. 오른쪽 메뉴 중 [테마]-[CCTV]를 클릭한 후 원하는 CCTV가 설치된 장소를 클릭합니다' 를 입력하고 예제파일 '09-03.jpg' 이미지를 삽입합니다.

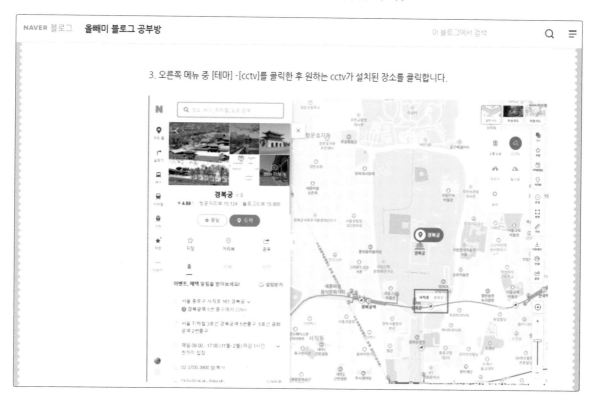

7. '4. CCTV 보기를 합니다.'를 입력하고 예제파일 '09-04.jpg' 이미지를 입력한 후 글을 발행해 줍니다.

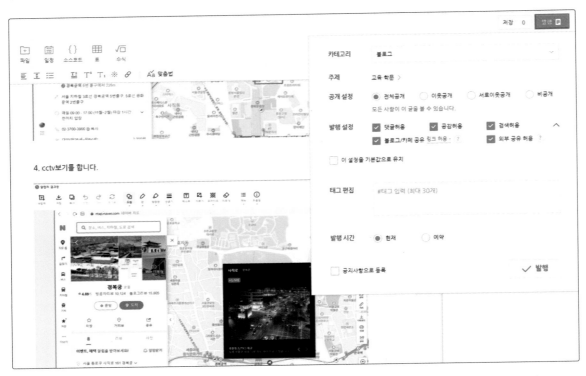

혼자 풀어보기

① 네이버 지도에서 '서울역'을 검색해 캡처한 후 저장해보세요.

② 제주공항의 CCTV 보기를 하고 캡처 후 저장해보세요.

SECTION 10

동영상 만들어 글 발행하기

블·로·그·만·들·기

이번 장에서는 비디오 편집기를 통해 동영상을 편집하고 저장하는 방법과, 동영상을 블로그에 넣어 발행하는 방법을 알아보도록 하겠습니다.

---

1 무료 동영상 파일 다운로드 받기

1. 네이버에 접속 후 무료 이미지와 영상을 다운로드 받을 수 있는 [픽사베이]에 접속합니다.

tip
픽사베이(pix bay)에서 시간 나는 대로 무료 사진이나 영상, 음악 등을 다운로드하여 자료를 만들어두면 블로그 운영할 때 편리합니다.

2. [All images]를 클릭한 후 [Videos]를 선택해 준 다음, 검색란에 '기차'를 입력하고 [Enter] 를 누릅니다.

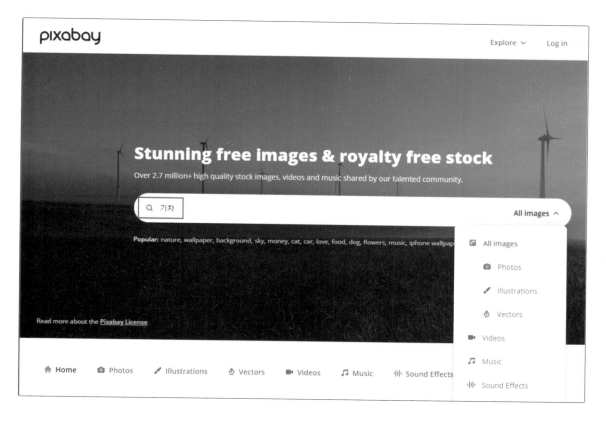

3. 마음에 드는 영상을 클릭합니다.

4. [Free Download]에서 원하는 해상도를 [1920×1080]로 선택 후 [Download]를 클릭합니다.

5. [다른 이름으로 저장]을 클릭해서 영상 파일을 원하는 위치에 저장합니다.

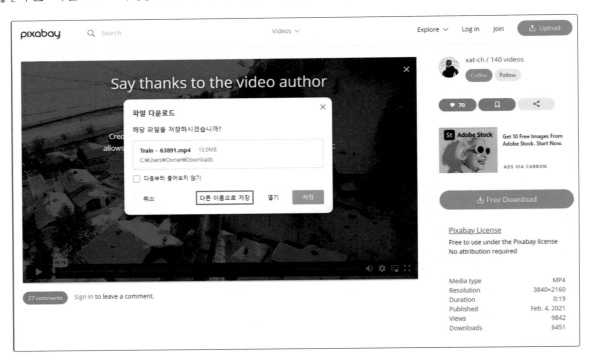

1. '픽사베이'에서 [All images]를 클릭한 후 [Music]을 선택해 준 다음, 검색란에 '배경'을 입력하고 Enter 를 누릅니다.

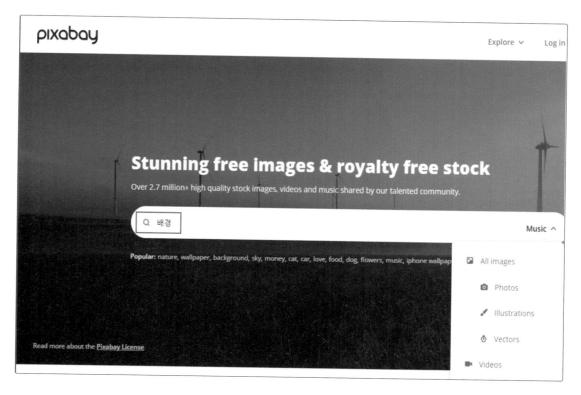

2. 음악을 미리 들어보고 마음에 드는 음악이 있으면 [Download]를 클릭합니다.

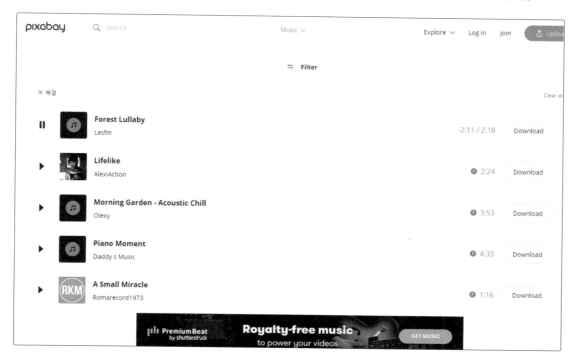

3. [파일 다운로드] 창이 나타나면 [다른 이름으로 저장]을 클릭해서 원하는 위치에 선택한 무료 음악을 저장합니다.

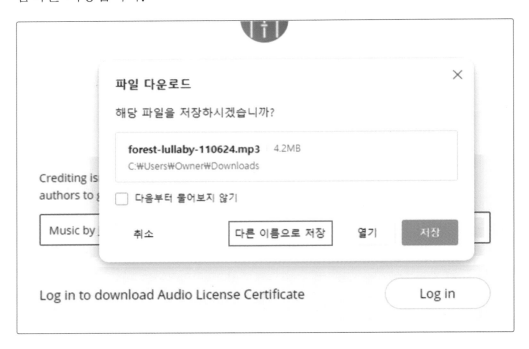

3 동영상 제작하기

1. [시작(⊞)]을 누른 후 [비디오 편집기]를 클릭합니다.

2. 비디오 편집기가 실행되면 [내 비디오 프로젝트]를 클릭합니다.

3. [새 비디오 만들기]에서 [비디오 이름 지정]에 '영상 만들기 실습'을 입력하고 [확인]을 클릭합니다.

tip
비디오 편집기는 윈도우 10 이상에서 무료로 제공하는 동영상 편집 프로그램으로 간편하게 동영상을 제작할 수 있습니다. 윈도우 11 프로그램에서 비디오 편집기를 사용하려면 [시작] 메뉴의 검색창에서 [비디오편집기]를 입력하여 결과 창에 나타나는 비디오 편집기 앱을 실행하여 사용하면 됩니다.

4. [프로젝트 라이브러리]의 [추가]를 클릭한 후 [이 PC에서]를 클릭합니다.

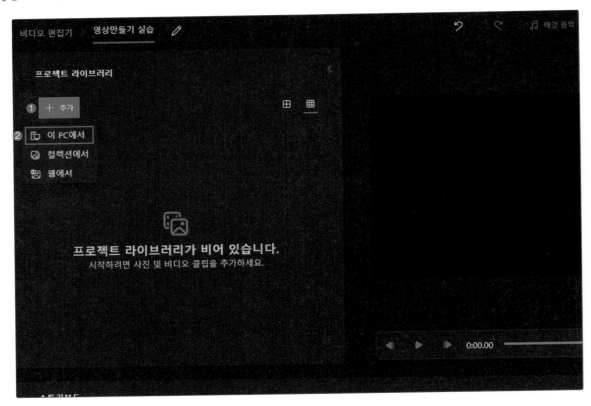

5. 예제파일에서 '10-01.mp4' 영상 파일을 선택하여 라이브러리 창에 추가한 후 [스토리보드에 놓기]를 클릭해 영상을 스토리보드에 넣습니다.

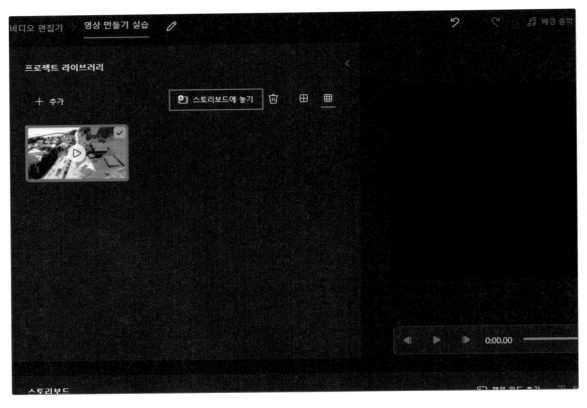

6. 플레이 버튼을 눌러 미리보기 해보고 영상에 음악을 추가하기 위해 [사용자 지정 오디오] 메뉴를 클릭합니다.

7. [오디오 파일 추가]를 클릭하여 예제파일 '10-03.mp3' 음악파일을 추가한 후 [완료]를 클릭합니다.

8. 이번에는 영상에 제목을 넣기 위해 [스토리보드]에 있는 메뉴 중 [텍스트]를 클릭합니다.

9. 텍스트 아래에 있는 입력란에 '눈 덮인 마을과 기차'를 입력합니다. [레이아웃]에서 제목을 배치할 부분을 선택 후 [애니메이션 텍스트 스타일]을 적용해보고 마음에 드는 스타일을 선택하고 [완료]를 클릭합니다(여기서는 [모험] 스타일을 선택했습니다).

10. 편집 완성된 영상을 제작하기 위해 [비디오 마침]을 클릭합니다.

11. [비디오 마침] 창이 나타나면 [내보내기]를 클릭합니다.

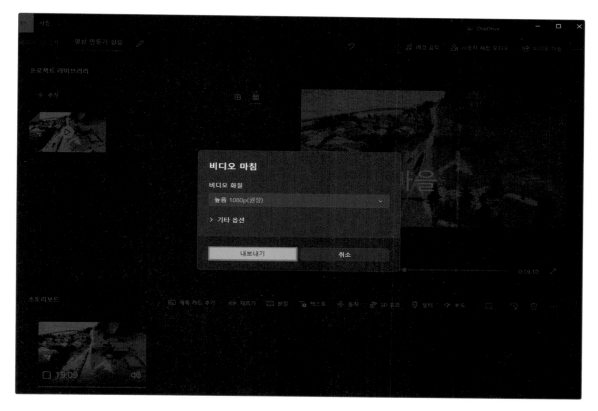

12. [다른 이름으로 저장] 창이 나타나면 원하는 경로를 선택 후 파일 이름을 '눈과 기차'로 입력 후 [내보내기]를 클릭합니다.

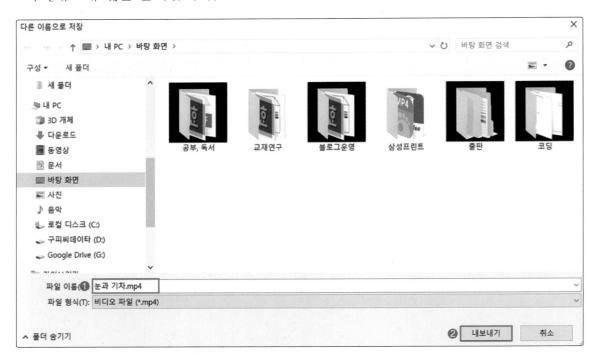

13. 내보내기가 끝나면 완성된 영상이 미리보기로 나타납니다.

4 제작한 영상 블로그에 올리기

1. 블로그 글쓰기로 들어와 제목과 본문을 입력한 후 [동영상(□)] 메뉴를 클릭합니다.

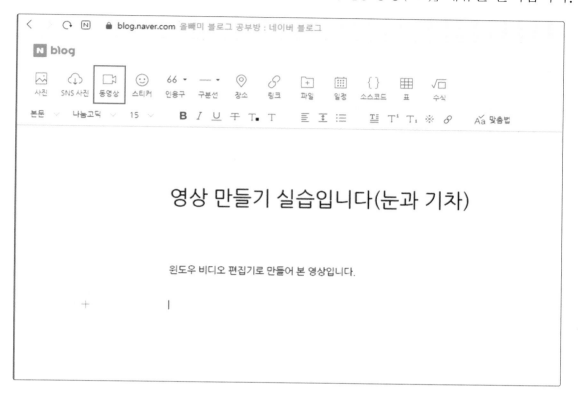

2. [동영상 추가]를 클릭한 후 완성한 영상을 추가합니다.

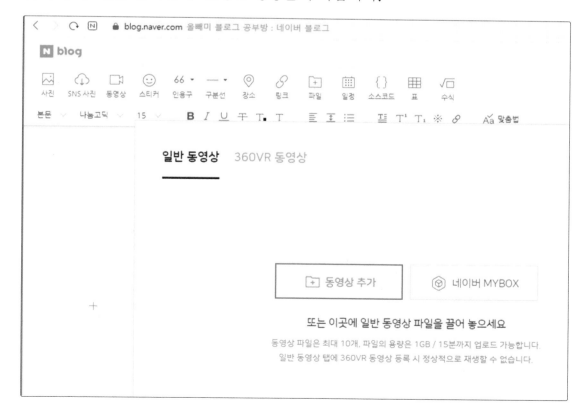

3. [동영상 업로드]에서 제목을 '눈과 기차'로 입력 후 태그 편집에 '비디오 편집기', '영상 만들기', '영상 만들기 실습'을 입력하고 [완료]를 클릭합니다.

4. 카테고리를 [블로그]로 설정한 후 [발행]을 클릭하여 동영상이 포함된 글을 발행합니다.

혼자 풀어보기

① 비디오 편집기로 예제파일 '10-02.mp4' 영상 파일을 불러와 스토리보드에 넣어보세요.

② 예제파일 '10-04.mp3' 음악 파일을 삽입하고 동영상을 완성해보세요.

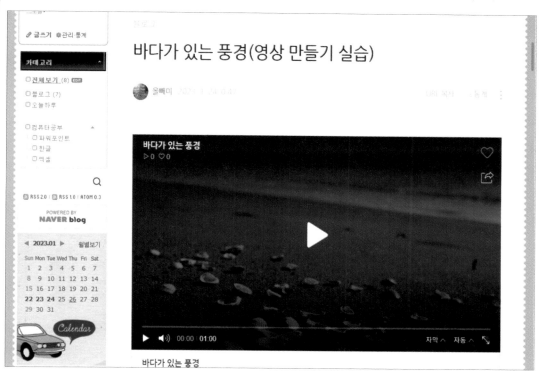

Start Up 시리즈 ●●●●●●●● (대상 : 일반)

Start Up 시리즈는 유튜브, 인스타그램, 블로그, 페이스북, 트위터 등 다양한 플랫폼을 통해 누구나 콘텐츠를 제작하여 유통할 수 있는 시대에 맞춰 고객의 니즈를 파악하여 제작한 교재입니다. 더불어 많은 수익창출로 새로운 1인 창업의 기회가 되고, 1인 크리에이터로 제대로 된 기획, 제작, 마케팅, 수익 창출을 위한 내용을 수록하였습니다.

스마트폰으로
유튜브 크리에이터 되기
남시언 | 19,500원 | 288쪽

인스타그램으로
SNS 크리에이터 되기
남시언 | 15,000원 | 228쪽

야보느의
홈페이지형 블로그 만들기
윤호찬 | 15,000원 | 260쪽

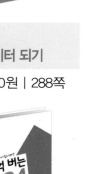

집에서 10억 버는 카페24 쇼
핑몰 제작하기(유튜브 동영상
강좌 제공)
박길현 | 23,000원 | 432쪽

현직 줌(ZOOM) 강사가 알려
주는 하루 만에 ZOOM으로
프로 강사되기
김가현 | 9,000원 | 80쪽

돈버는 SNS 콘텐츠 만들기
with 미리캔버스
박정 | 16,000원 | 226쪽

2시간만에
유튜브 크리에이터 되기
허지영 | 9,000원 | 93쪽

블로그 글쓰기
나만의 콘텐츠로 성공하기
남시언 | 15,000원 | 282쪽

엄마와 아이가 함께 하는
스마트폰으로 이모티콘 작가되기
임희빈 | 16,000원 | 208쪽

원리쏙쏙 IT 실전 워크북 시리즈

(대상 : 초 · 중급)

포토샵CC 2023
유윤자 지음 | A4
304쪽 | 17,000원

포토샵CC 2022
유윤자 지음 | A4
304쪽 | 15,000원

포토샵CC 2021
유윤자 지음 | A4
304쪽 | 15,000원

포토샵 CC
유윤자 지음 | A4
292쪽 | 15,000원

포토샵 CS6 한글판
유윤자, 우석진 지음 | A4
252쪽 | 13,000원

일러스트레이터 CC
유윤자 지음 | A4
320쪽 | 16,000원

일러스트레이터 CS6
김성실 지음 | A4
240쪽 | 13,000원

전문가의 스킬을 따라 배우는 포토샵& 일러스트레이터CC 기초+활용 실습
유윤자 지음 | A4
488쪽 | 21,000원

일러스트레이터CC 기초부터 실무활용까지
유윤자 지음 | A4
352쪽 | 19,000원

한글 2020
김수진 지음 | A4
216쪽 | 12,000원

한글 2016(NEO)
비전IT 지음 | A4
216쪽 | 12,000원

한글 2014
김미영 지음 | A4
216쪽 | 12,000원

엑셀 2016
김지은 지음 | A4
212쪽 | 12,000원

엑셀 2013
김수진 지음 | A4
216쪽 | 12,000원

파워포인트 2016
김도린 지음 | A4
208쪽 | 12,000원

파워포인트 2013
비전IT 지음 | A4
256쪽 | 12,000원

유튜브&영상편집 첫발 내딛기
박승현 지음 | A4
178쪽 | 12,000원

신정숙

네이버에 올빼미 간이역이라는 블로그를 운영하면서 정보처리기사를 비롯한 50여 개의 IT 관련 자격증을 소유하고 있는 열정적인 학구파이다.

ITQ, GTQ, DIAT, ICDL, COS 공인 강사로서 초중등학교 방과 후 강의 및 디지털 배움터 강의를 거쳐 현 구미시 정보화 위원으로 활동하고 있다. 저서로는 '나만의 블로그 만들기(아카데미소프트)'가 있다.

Start! 첫걸음
블로그 만들고 꾸미기 단계별 정복하기

2023년 3월 10일 초판 인쇄
2023년 3월 20일 초판 발행

펴낸이	김정철
펴낸곳	아티오
지은이	신정숙
표지 디자인	김지영
편집 디자인	이효정
마케팅	강원경
전 화	031-983-4092~3
팩 스	031-696-5780
등 록	2013년 2월 22일
정 가	11,000원
홈페이지	http://www.atio.co.kr
주 소	경기도 고양시 호수로 336 (브라운스톤, 백석동)

＊소스 자료는 아티오(www.atio.co.kr)의 [자료실]-[Start! 첫걸음 시리즈] 메뉴에서 다운 받으세요.